코로나 팬데믹을 닮은 스페인 독감

: 1918년의 비극적 전염병

제대로 인정받지 못하는 미국의 귀중한 자산,
질병통제예방센터(CDC)에 바칩니다.

FEVER YEAR
: THE KILLER FLU OF 1918
by Don Brown

코로나 팬데믹을 닮은

스페인 독감

1918년의 비극적 전염병

돈 브라운 글 · 그림

신여명 옮김

두레아이들

3막으로 이루어진 비극

1막

1918년 1~7월

1918년 새해 첫날, 미국은 1차 세계대전에 참전 중이었다. 새해 첫 날을 만끽하는 사람들의 웃음과 기쁨으로 가득했던 뉴욕의 중심 거리에는 썰렁함만 감돌았다. 사람들은 부족한 소고기와 닭고기처럼 줄어든 행복도 받아들여야 했다.
LOEWS NEW YORK

미국 사람들은 승리를 확신했다. 그러나 그들은 세계가 지금, 세계 인구의 3분의 1이 질병에 감염되고, 수천만 명이 죽음을 맞게 될 끔찍한 '열병의 해'의 문턱에 들어섰다는 사실을 전혀 알지 못했다.
만에 하나 그들이 알았더라도 이를 막기 위해 할 수 있는 일은 거의 없었다.

유럽에서는 1914년에 시작된 전쟁이 계속되고 있었다. 미국인 대부분은 독일을 적으로 여겼다. 독일은 이에 대응하듯 잠수함을 이용해, 독일의 적국인 영국과 프랑스로 사람과 물품을 실어 나르던 미국 선박을 침몰시켰다. 독일의 행위에 분노한 미국은 1917년 4월, 독일에 선전포고했다.

미국 국민 수백만 명이 이 전쟁에 참가했다. 전쟁터에 나가기에 앞서 훈련을 받는 신병 수십만 명은 미국 곳곳을 휘젓고 다녔다. 그들은 애국심, 승리의 확신, 무사히 돌아오리라는 희망을 지니고 있었다. 그리고 질병도 함께.

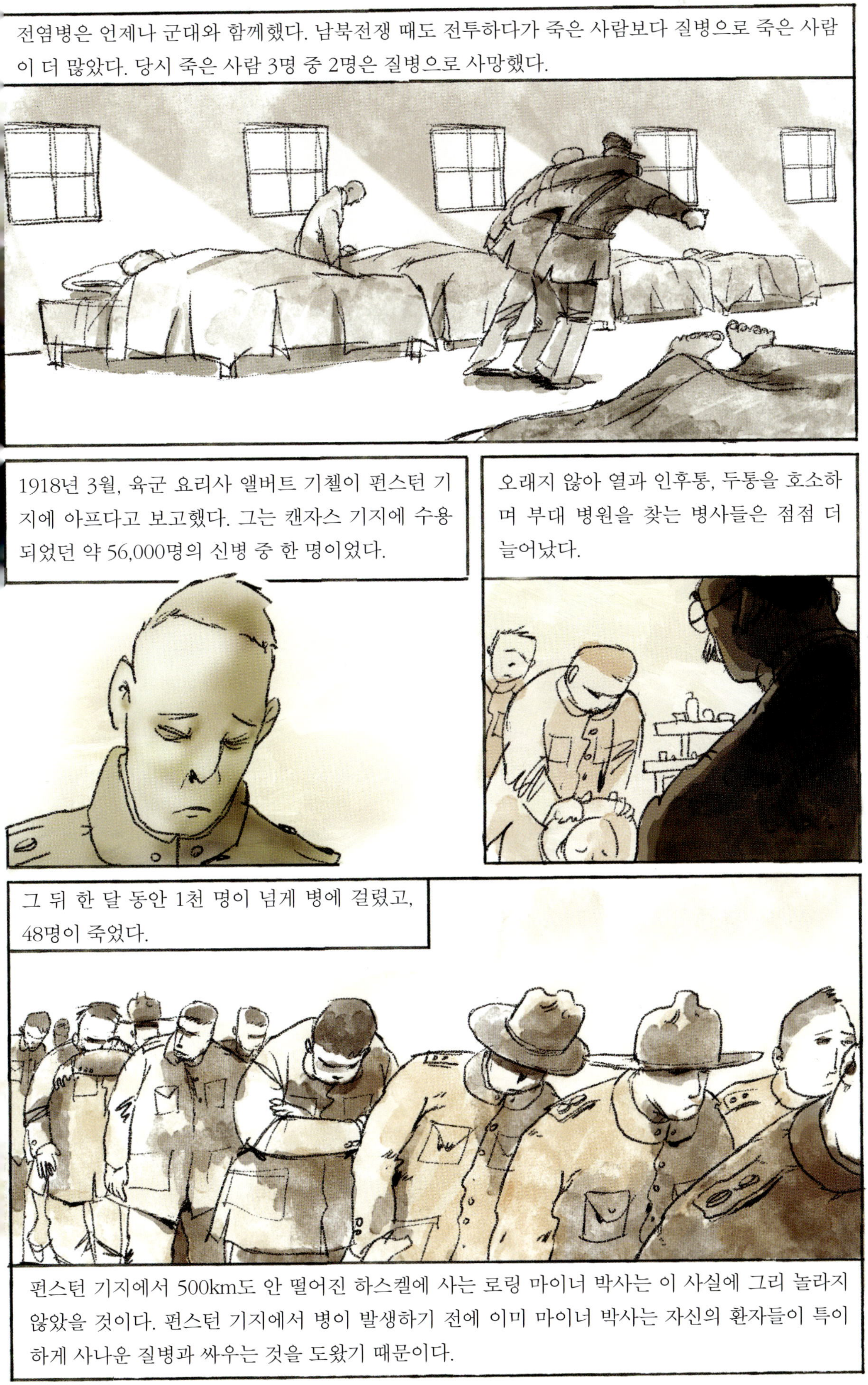
전염병은 언제나 군대와 함께했다. 남북전쟁 때도 전투하다가 죽은 사람보다 질병으로 죽은 사람이 더 많았다. 당시 죽은 사람 3명 중 2명은 질병으로 사망했다.
1918년 3월, 육군 요리사 앨버트 기첼이 펀스턴 기지에 아프다고 보고했다. 그는 캔자스 기지에 수용되었던 약 56,000명의 신병 중 한 명이었다.
오래지 않아 열과 인후통, 두통을 호소하며 부대 병원을 찾는 병사들은 점점 더 늘어났다.
그 뒤 한 달 동안 1천 명이 넘게 병에 걸렸고, 48명이 죽었다.
펀스턴 기지에서 500km도 안 떨어진 하스켈에 사는 로링 마이너 박사는 이 사실에 그리 놀라지 않았을 것이다. 펀스턴 기지에서 병이 발생하기 전에 이미 마이너 박사는 자신의 환자들이 특이하게 사나운 질병과 싸우는 것을 도왔기 때문이다.

마이너 박사는 그것이 심각한 유형의 독감이라고 믿었다.

이 병은 가장 탄탄하고 건강한 사람도 쓰러트렸다. 나이가 아주 어리거나 많은 사람에게 주로 피해를 주던 독감의 변종인 듯했다.

마을에 병이 퍼지는 동안, 하스켈에 사는 신병들은 펀스턴 기지와 집을 왔다 갔다 했다. 하스켈에서 질병이 끝나갈 때쯤 요리사 기첼이 병에 걸렸다.

펀스턴 기지 병사들 때문에 하스켈 마을에 병이 유행한 것일까?

펀스턴 기지에서 병이 시작된 뒤, 전국 각지의 군 기지에서 독감이 보고되었다. 디트로이트에서는 포드 자동차 회사 직원 1천여 명이 이 병에 걸렸다.

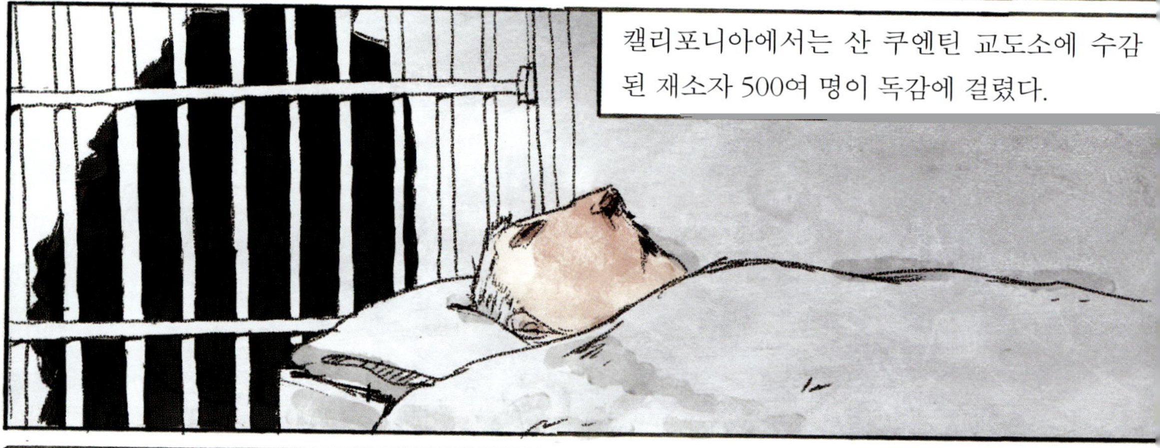

캘리포니아에서는 산 쿠엔틴 교도소에 수감된 재소자 500여 명이 독감에 걸렸다.

4월까지, 독감은 프랑스 보르도 근처의 미군 부대를 휩쓸었다. 이곳은 새로 도착하는 보병들의 주요 입국장이었다. 곧이어 영국과 프랑스 군인들이 독감에 희생되었다. 독감은 연합군과 독일군 사이의 경계지역을 뛰어넘어 독일군을 덮쳤다.

미국에서 시작된 독감은 4달도 안 되어 전 세계로 퍼졌다. 스페인에서는 독감이 퍼지자 이를 공개적으로 보도했다. 스페인은 1차 세계대전에 참여하지 않았기에 다른 나라들이 감추는 중요 뉴스를 검열할 이유가 없었다. 전 세계 사람들이 실수로 스페인과 독감 발병을 연결 짓고는 '스페인 독감'이라고 불렀다. 스페인은 불쾌해했으나 '스페인 독감'이란 이름은 그렇게 굳어졌다.

스페인 독감!

그 이름이 무엇이든, 더 이상 독감은 누구에게도 낯설지 않았다.

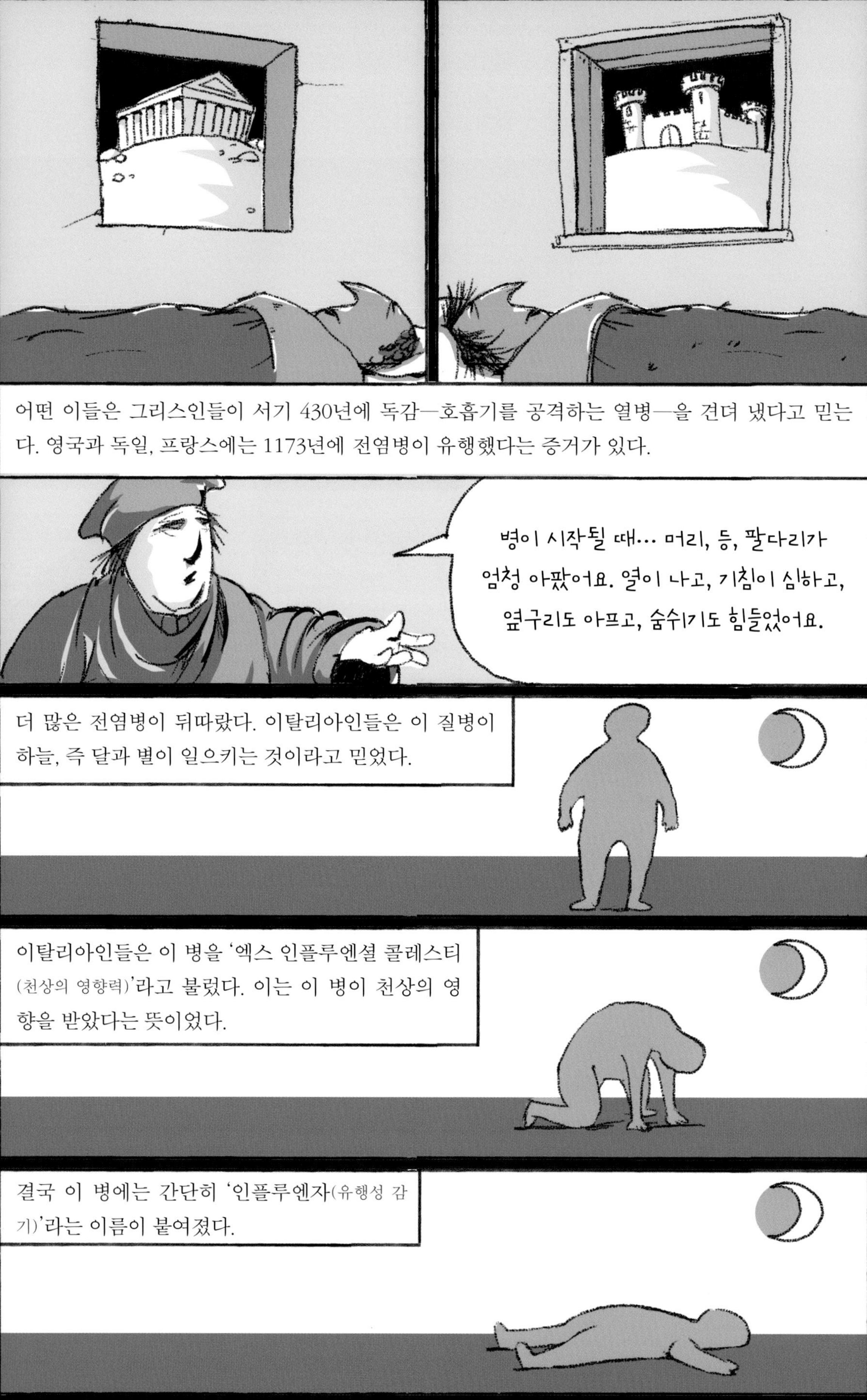
어떤 이들은 그리스인들이 서기 430년에 독감—호흡기를 공격하는 열병—을 견뎌 냈다고 믿는다. 영국과 독일, 프랑스에는 1173년에 전염병이 유행했다는 증거가 있다.
병이 시작될 때… 머리, 등, 팔다리가 엄청 아팠어요. 열이 나고, 기침이 심하고, 옆구리도 아프고, 숨쉬기도 힘들었어요.
더 많은 전염병이 뒤따랐다. 이탈리아인들은 이 질병이 하늘, 즉 달과 별이 일으키는 것이라고 믿었다.
이탈리아인들은 이 병을 '엑스 인플루엔셜 콜레스티(천상의 영향력)'라고 불렀다. 이는 이 병이 천상의 영향을 받았다는 뜻이었다.
결국 이 병에는 간단히 '인플루엔자(유행성 감기)'라는 이름이 붙여졌다.

독감은 다양한 증상으로 전 세계 사람들을 괴롭혔고, 마침내 '세계적 대유행(팬데믹)'이 되었다. 1889년, 러시아에서 시작된 독감이 유럽을 휩쓴 뒤 북아메리카로 건너가 라틴 아메리카와 아시아로 퍼졌다.

러시아 독감에 걸린 환자 100명 중 99명은 회복되었다. 그러나 사망자 수는 그래도 100만 명에 이르렀다.

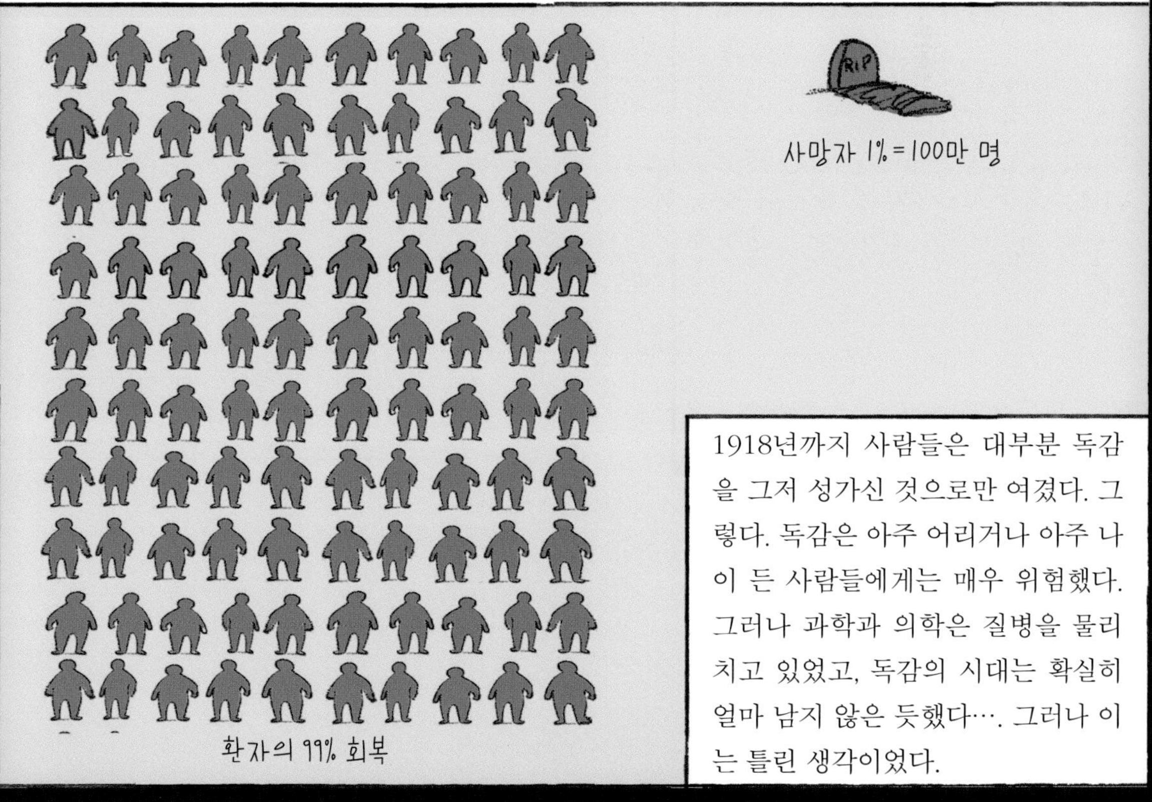

1918년까지 사람들은 대부분 독감을 그저 성가신 것으로만 여겼다. 그렇다. 독감은 아주 어리거나 아주 나이 든 사람들에게는 매우 위험했다. 그러나 과학과 의학은 질병을 물리치고 있었고, 독감의 시대는 확실히 얼마 남지 않은 듯했다…. 그러나 이는 틀린 생각이었다.

2막

1918년 8~12월

1918년 8월 15일, 영국 군함이 아프리카 대륙의 서쪽에 있는 시에라리온의 수도 프리타운에 도착했다. 그 배에는 병든 선원 수백 명이 타고 있었다.

그들은 몸이 으슬으슬 춥고, 머리는 깨질 듯이 아팠고, 참기 힘든 근육통에 시달렸다. 고열 때문에 온몸은 불덩이처럼 뜨거웠다. 기침은 해도 해도 멈추지 않았다.

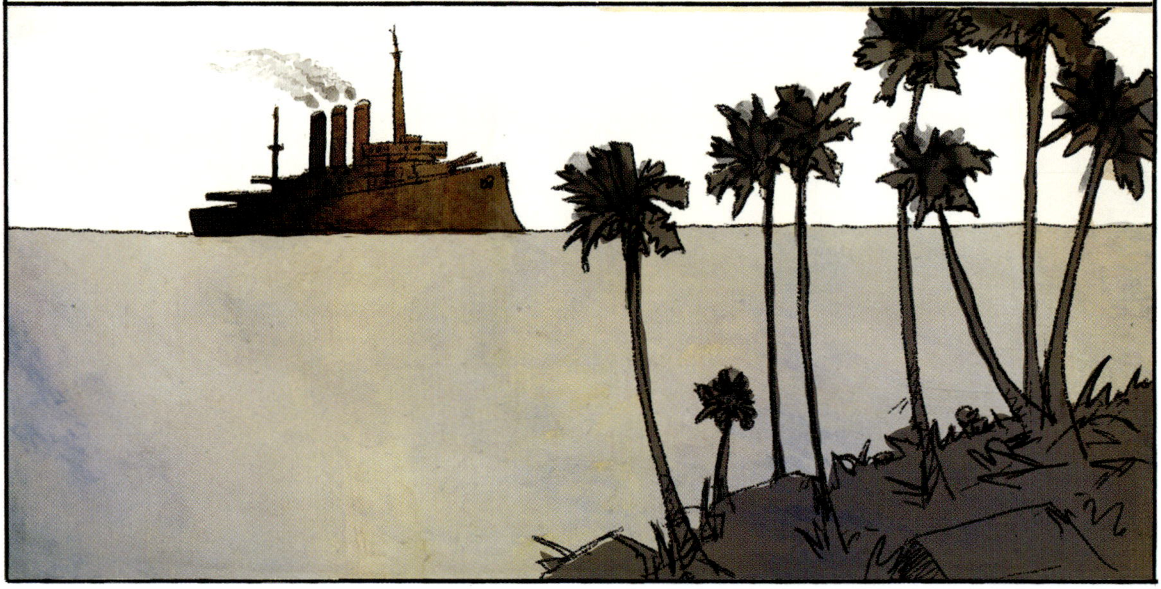

이 배에 석탄을 실은 아프리카 노동자 수백 명이 비슷한 병에 걸렸다.

곧이어 또 다른 영국 군함이 증기를 내뿜으며 시에라리온으로 들어섰다. 군함은 연료와 질병을 싣고 항해했다. 군함 승무원 779명 중 600명이 병에 걸렸고, 51명이 죽었다.

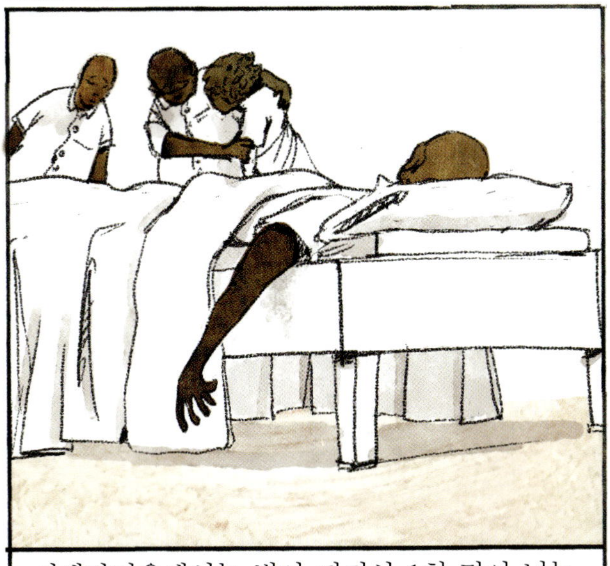

시에라리온에서는 병이 퍼져서 1천 명이 넘는 사람이 죽었다.

약 1주일 뒤인 8월 27일, 미국 매사추세츠 주 보스턴에 있는 커먼웰스 부두★의 선원 3명이 병에 걸렸다.

★ 1901년에 해상 화물 취급 시설로 건설된 영연방 부두 건물은 당시 세계에서 가장 큰 부두 시설이었다. 화물과 여객을 모두 취급하며, 철도 및 트럭 운송이 부두에서 바로 이루어졌다 — 옮긴이.

그러더니 수요일에 8명, 목요일에 58명, 그다음 날에는 106명의 환자가 발생했다.

가장 불운한 사람들은 병이 폐렴(폐 질환)으로 악화했고, 그중 절반 이상이 죽었다.

부두에서 북서쪽으로 약 55km 떨어진 데븐스 육군 기지에는 병사 45,000명이 수용되어 있었다. 1918년 9월 7일, 한 보병이 아프다고 보고했다.

질병은 순식간에 전염되었다. 환자는 어느새 8,000명이나 되어 병원은 발 디딜 틈도 없었다. 하루 만에 죽은 사람도 66명이나 되었다.

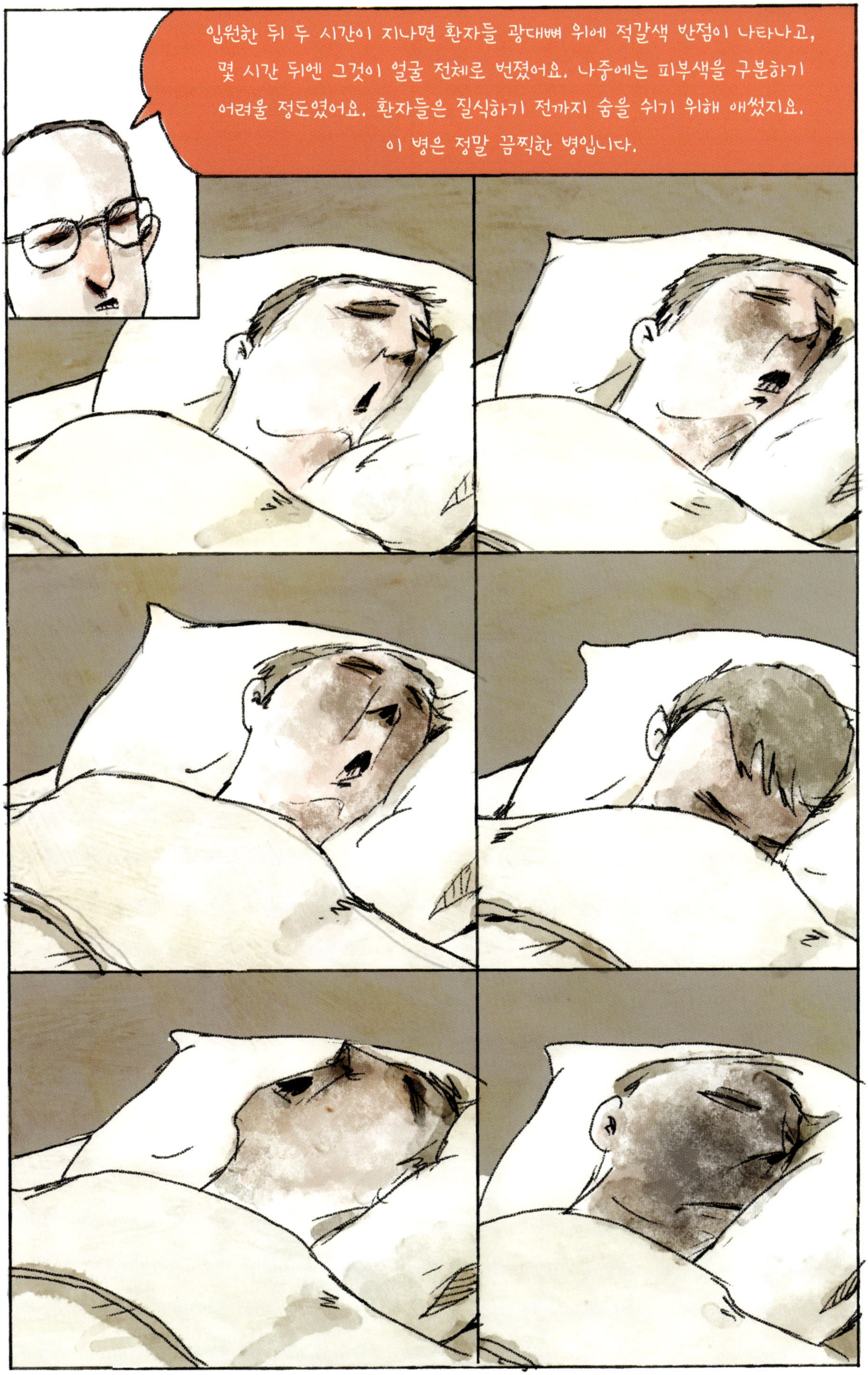
입원한 뒤 두 시간이 지나면 환자들 광대뼈 위에 적갈색 반점이 나타나고, 몇 시간 뒤엔 그것이 얼굴 전체로 번졌어요. 나중에는 피부색을 구분하기 어려울 정도였어요. 환자들은 질식하기 전까지 숨을 쉬기 위해 애썼지요. 이 병은 정말 끔찍한 병입니다.

육군은 윌리엄 웰치 박사를 데븐스 기지로 급히 보냈다. 웰치 박사는 미국 의학계에서 가장 권위 있는 의사였다. 명성 있는 의사들도 그와 함께했다.

의사들은 젊은 병사 수백 명과 마주쳤다. 10여 명씩 무리 지어 힘없이 걸어가는 병사들은 저마다 담요를 걸친 채, 부들부들 떨고, 심하게 기침하며 피를 토했다.

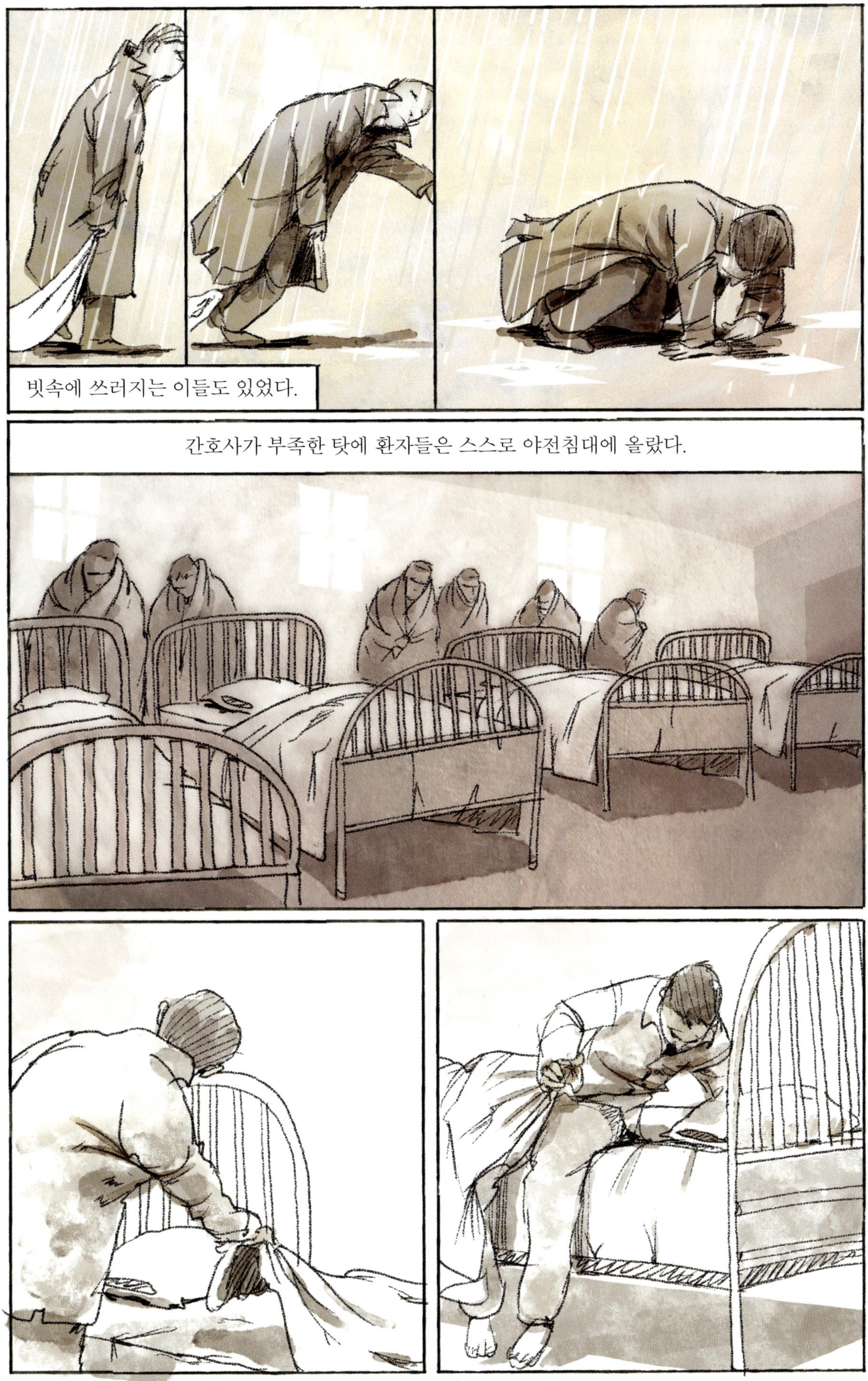
빗속에 쓰러지는 이들도 있었다.
간호사가 부족한 탓에 환자들은 스스로 야전침대에 올랐다.

병동이 비좁아 침대는 현관까지 차지했다.

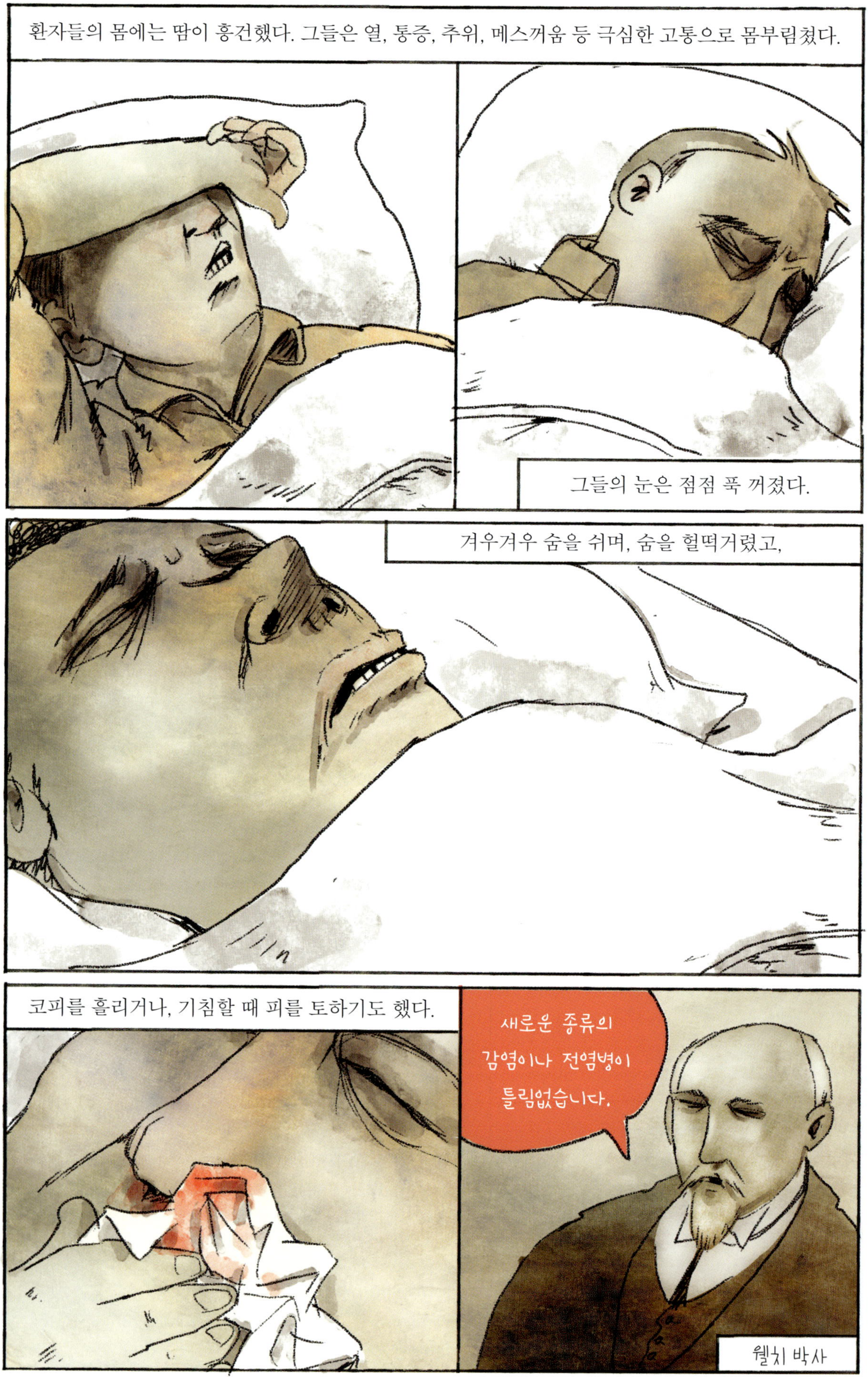
환자들의 몸에는 땀이 흥건했다. 그들은 열, 통증, 추위, 메스꺼움 등 극심한 고통으로 몸부림쳤다.
그들의 눈은 점점 푹 꺼졌다.
겨우겨우 숨을 쉬며, 숨을 헐떡거렸고,
코피를 흘리거나, 기침할 때 피를 토하기도 했다.
새로운 종류의 감염이나 전염병이 틀림없습니다.
웰치 박사

1918년 9월 말까지 사망한 군인은 757명이었다. 군부대에는 관이 부족했다. 관이 떨어지자, 죽은 사람들에게 제복을 입히고 임시 영안실로 만들어진 막사 안에 2열로 길게 눕혀 놓았다.

보스턴의 교외 지역이 프랑스의 대량학살 현장보다 더 참혹했을까?

보스턴은 병든 군인들로 가득 찬 군사기지와 선원들로 둘러싸였다. 보스턴이 이 병을 피하기란 거의 불가능했다. 그래도 매사추세츠 보건부의 존 히치콕 박사는 두려움을 가라앉히려 애썼다.

이 질병엔 옛날 유행성 감기와 같은 특성이 있는 것 같습니다. 발병 사례는 날마다 줄어들고 있습니다.
그의 말은 틀렸다. 9월 3일, 민간인 독감 환자 한 명이 보스턴 시립병원에 입원했다. 그러자 환자는 이내 수백 명으로 늘어났고, 보스턴의 병원들은 독감 환자로 넘쳐났다. 간호사도 38명이 감염되었다. 어떤 학교에서는 10명 중 4명이 아파서 결석했다. 몇 주도 안 되어 독감은 334명의 목숨을 앗아갔다.

7살이던 프랜시스 러셀은 보스턴에서 가까운 도체스터에 살았다. 프랜시스는 말이 끄는 영구차 무리가 집 앞을 지나가는 소리를 듣고 문득 호기심이 생겼다.

프랜시스는 영구차들을 따라 묘지로 갔다.
그곳에서 그는 '손잡이가 달린 낡은 상자들로 가득 찬 낡은 천막'을 발견했다.
낡은 상자들은 모두 관이었다. 무덤을 미처 제때 파지 못하자, 공동묘지에서는 대형 천막을 세우고 묻힐 때를 기다리는 시신을 보관하고 있었다.
집으로 돌아온 프랜시스는 줄넘기를 하는 여자아이들을 보았다.
나는 새 한 마리를 키웠는데 그의 이름은 '엔자'라네. 창문을 열자 엔자가 날아 들어왔다네(In-Flu-Enza).★
★ 원래는 'flew'인데 인플루엔자를 빗대기 위해 'flu'를 사용—옮긴이.

매사추세츠 주지사인 새뮤얼 매콜은 의학 교육을 받은 사람이라면 누구든 자원봉사에 지원해 달라고 요청했다. 간호사와 의사들이 전시 지원을 위해 군대에 간 상황이라 의료 인력이 부족했다.

사람에게서 사람으로 병이 퍼진다는 생각은 이해하기 어려웠지만 받아들여졌다. 이 사실을 염두에 두고, 주지사·시장 등 지역 책임자들은 확대되는 감염에 대응하기 위해 앞다투어 나섰다. 극장, 영화관, 콘서트장, 공동 숙소, 학교 등을 폐쇄했다.

사람들에게는 입맞춤하거나, 침을 뱉거나, 손수건이나 담배 파이프, 수건을 함께 쓰지 말라고 당부했다.
전염병이 퍼진 지 한 달 만에 보스턴과 주변 지역사회에서 거의 3,000명이 사망했다.
도시 전체가 죽어 가는 것 같았어요.

이 독감이 보스턴을 휩쓸기 시작할 때, 선원 300명이 그곳에서 세계 최대의 해군 조선소인 필라델피아 해군 조선소로 옮겨 갔다.

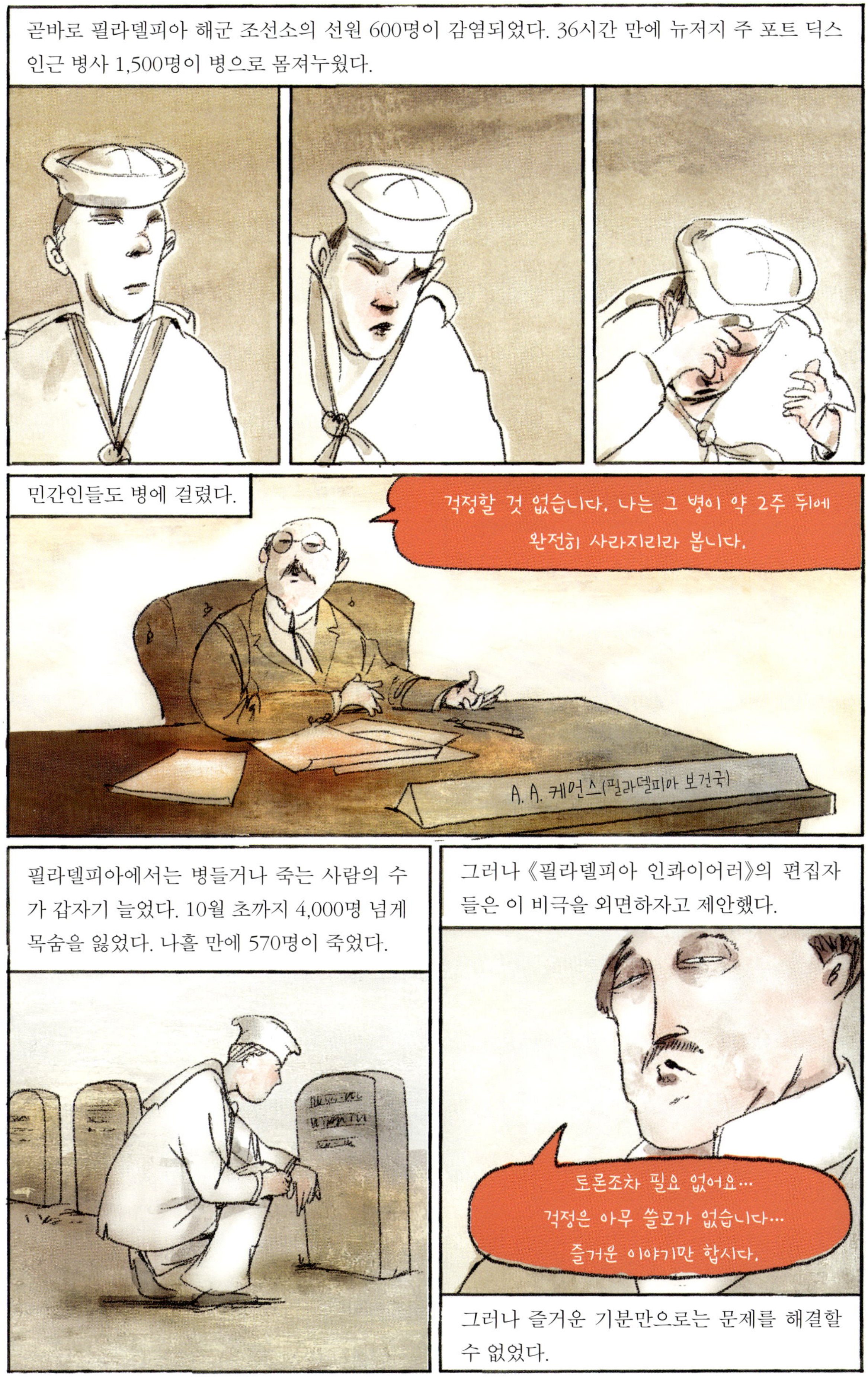
곧바로 필라델피아 해군 조선소의 선원 600명이 감염되었다. 36시간 만에 뉴저지 주 포트 딕스 인근 병사 1,500명이 병으로 몸져누웠다.
민간인들도 병에 걸렸다.
걱정할 것 없습니다. 나는 그 병이 약 2주 뒤에 완전히 사라지리라 봅니다.
A. A. 케언스(필라델피아 보건국)
필라델피아에서는 병들거나 죽는 사람의 수가 갑자기 늘었다. 10월 초까지 4,000명 넘게 목숨을 잃었다. 나흘 만에 570명이 죽었다.
그러나 《필라델피아 인콰이어러》의 편집자들은 이 비극을 외면하자고 제안했다.
토론조차 필요 없어요…
걱정은 아무 쓸모가 없습니다…
즐거운 이야기만 합시다.
그러나 즐거운 기분만으로는 문제를 해결할 수 없었다.

병에 걸려서 직장을 그만두고 앓아눕는 사람이 많았다. 손님도 직원도 없어 많은 회사와 상점이 문을 닫았다.
폐업
사람이 턱없이 부족해지자 열차는 들쭉날쭉 되는 대로 운행되었다.
전화 시스템도 점점 더 나빠졌다.

경찰, 소방관, 쓰레기 수거업자 수백 명은 아파서 출근하지 못했다.
FIRE DEPARTMENT
POLICE

도시의 일상이 멈췄어요!

의사들은 최선을 다했지만, 그 수가 너무 적었다. 필라델피아 의사들과 간호사들의 4분의 1 이상이 군대에서 복무하고 있었기 때문이다.

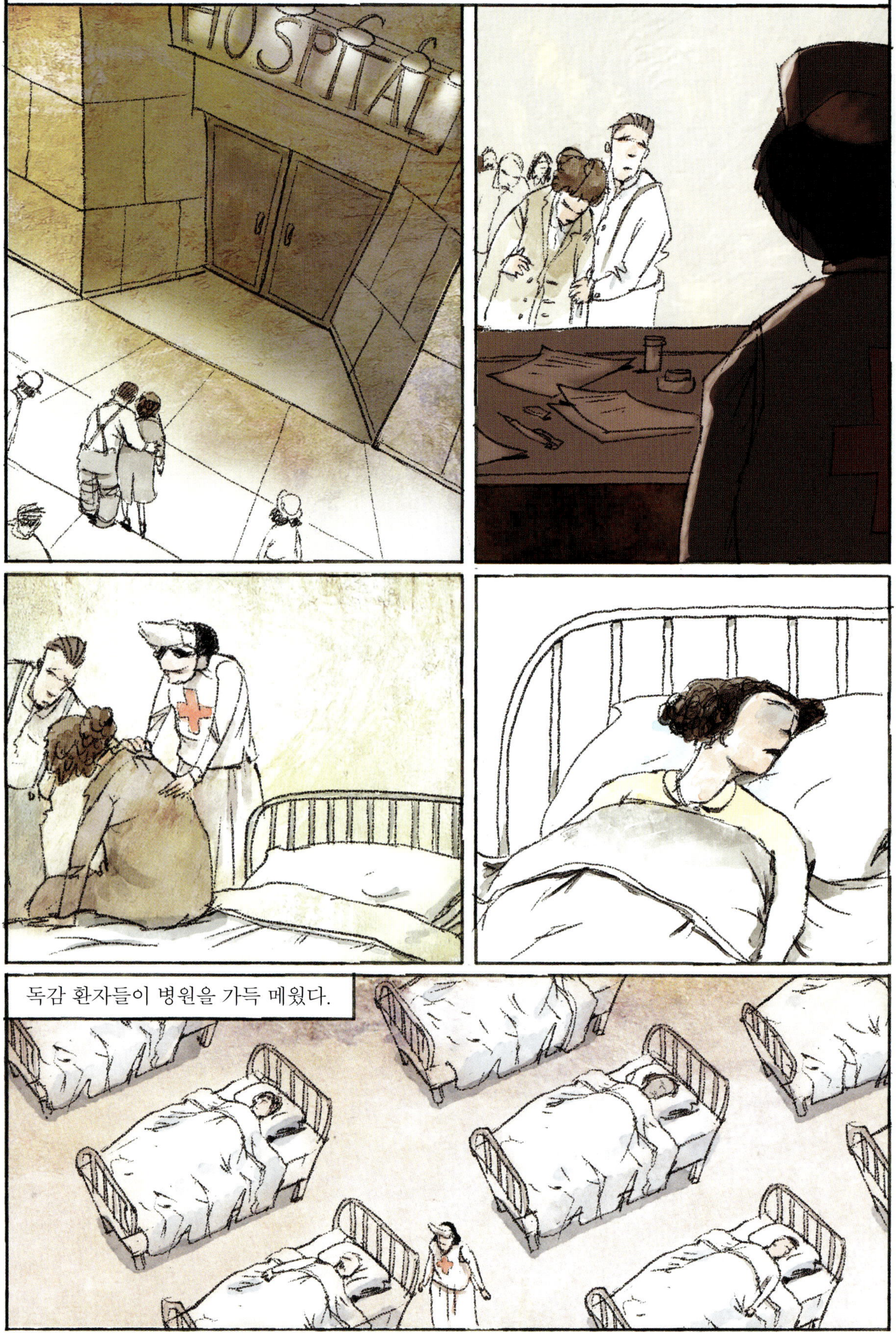

10월에는 한 주 사망률이 평소의 700배였다. 가슴아프게도 그달 말까지 사망자 수는 11,000여 명을 넘어섰다.

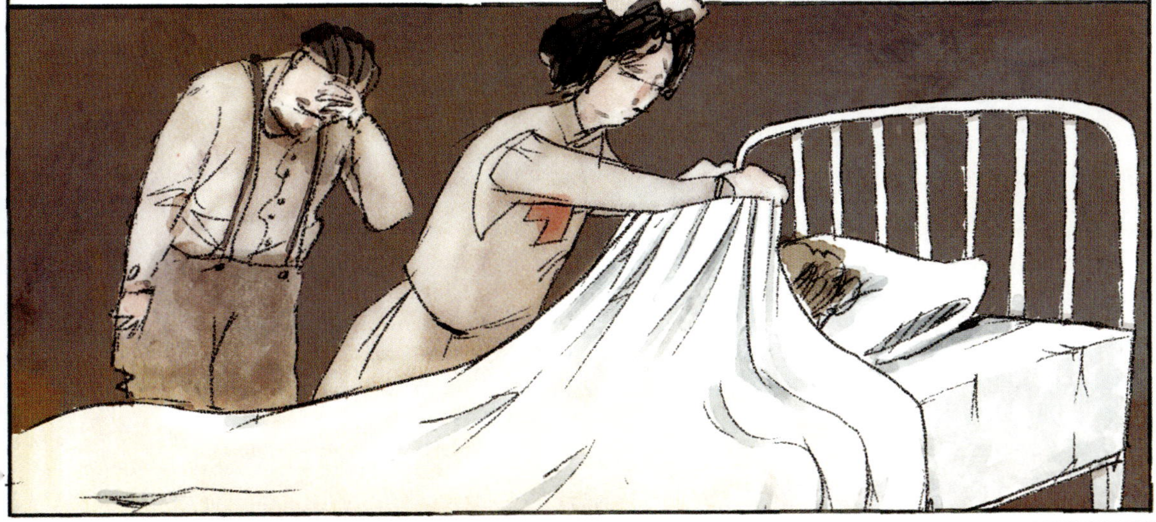

이 '사태'는 엄청나게 빨리 진행됐다. 시신들이 영안실에도, 도시 시체 보관소에도 무더기로 쌓였다. 장례식장들은 어쩔 줄을 몰랐다.

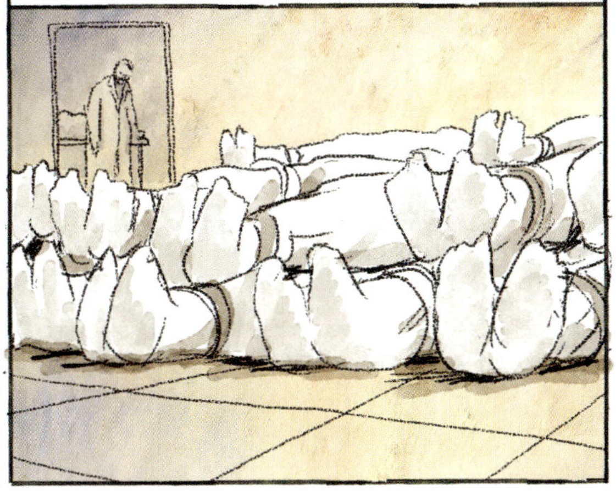

때로는 장의사들이 시신을 거부해, 살아남은 가족들이 시신을 얇은 천으로 싸서 집 한구석에 눕혀 놓을 수밖에 없었다.

AMBULANCE
사람들은 트럭을 타고 인근 지역을 돌아다니며
죽은 사람들을 실어 날랐다.

마차에 관은 없고, 시체들만
점점 쌓여 가네요.
사람들은 흑사병(페스트)이 중세를 휩쓸 당시의 시체 수레들을 떠올렸다.
관은 필요한 만큼 공급되지 못했다. 장례식장에서는 관의 재고를 지키기 위해 경비원을 고용했다.
무덤 파는 인부들이 죄다 아파서, 묘지에 도착한 조문객들이 스스로 묘지 구덩이를 파기도 했다.
1918년이 저무는 4개월 동안 필라델피아에서 13,426명이 유행성 감기와 그에 따른 폐렴으로 죽었다. 생존자는 이렇게 기억했다.
독감은 그리 오래
가지 않았어요.
그러고 나서 그는 기억을 떠올렸다.
그러나 고통은
평생 계속됐죠.

보스턴과 필라델피아가 이 질병과 싸울 때, 뉴욕 부두에서는 독감에 걸린 승객들을 태운 배 두 척이 환영을 받으며 입항했다.

코플랜드는 이 질병이 '매우 약한 유형'이거나 어쩌면 독감이 전혀 아닐지도 모른다고 주장했다. 그러나 새로운 독감 환자가 하루에 수만 명에서 수십만 명으로 갑자기 늘었다.

이 병을 막기 위해 온갖 방법이 동원됐다. 식당 잔들을 제대로 닦지 않거나, 길거리에서 침을 뱉으면 벌금을 물었다. 침을 뱉지 말라는 경고문이 붙었는데, 앞으로 60년은 더 남아 있을지도 몰랐다.

한 원양 여객선이 뉴욕 항구에 도착했다. 외국에 일을 보러 나갔다가 독감에 걸린 정부 관리를 넘겨받기 위해 구급차가 출동했다.

당시 해군 참모총장이자 훗날 대통령이 되는 프랭클린 D. 루스벨트는 며칠 푹 쉰 다음 건강을 회복했다.

10월 1일, 코플랜드는 전염병이 멈췄다고 발표했다. 틀린 말이었다.
3주 뒤, 그는 최악의 상황은 지나갔다고 예측했다. 이것도 틀린 말이었다.
코플랜드는 병원 청소부와 허드레꾼들뿐만 아니라 간호사도 수백 명이 필요하다고 간절히 호소했다. 이를 돕기 위해 여성들이 나섰다. 그들은 5번가의 고급 매장 앞에서, 인플루엔자와 벌이는 싸움에 지원해 줄 것을 부탁하며 시민들에게 다가가 적극적으로 알렸다.

코플랜드는 보스턴과 필라델피아와 다른 길을 선택했다. 그는 아이들이 대부분 집이라 부르는 비좁고 더러운 주택보다 학교에서 제공하는 환경이 더 안전하다는 합리적인 주장을 펴면서 학교를 개방했다. 그는 환기만 잘하면 극장도 열도록 했다. 지하철도 창문을 연 채 운행했다.

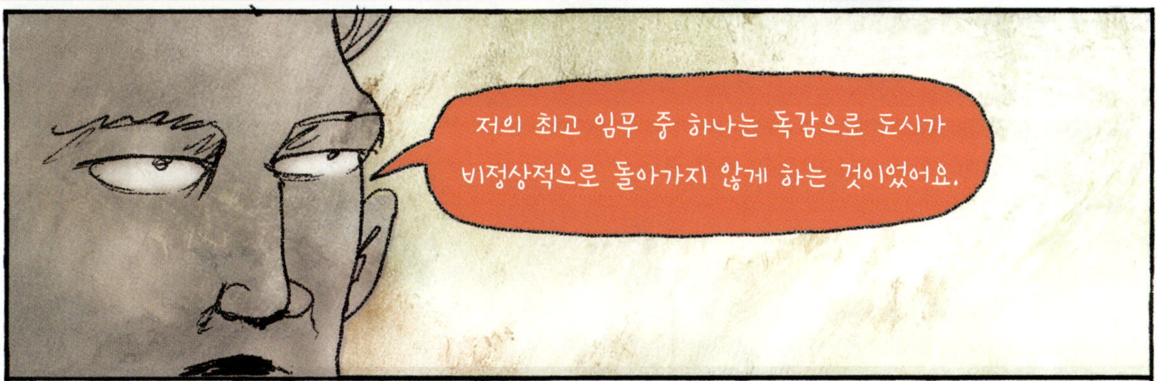

저의 최고 임무 중 하나는 독감으로 도시가 비정상적으로 돌아가지 않게 하는 것이었어요.

11월 14일까지 뉴욕 시의 공중보건부가 보고한 독감과 폐렴 사례는 145,000건이었다. 사망자는 2만여 명이었다. 그러나 이것은 동부해안 지역에서 인구 10만 명당 사망률이 가장 낮은 수치였다.

새로운 적을 점점 더 미워하던 많은 미국인은 독감의 책임을 독일에 돌리려고 했다.
그 전염병은 보시 잠수함 사령관들이 해안으로 보낸 훈족들에 의해 시작되었어요. 독일 요원들 중 한 명이 사람이 많이 모이는 극장이나 다른 곳에서 스페인 독감균을 퍼뜨리는 것은 꽤 쉬울 겁니다.
필립 도안 중령
연방 정부 장교
그러나 이는 그저 추측일 뿐이었다.

전국 40개 군 기지 중 26개 기지에서 최소한 4분의 1에 해당하는 병사가 아프다고 보고했다. 불과 이틀 동안 보고된 새로운 사례가 2만 건이었다. 1918년 9월과 10월에 걸쳐 3주 동안 독감에 걸린 군인과 선원은 16만 명을 넘었다. 이 병은 군부대의 벽을 넘어가 퍼졌고, 43개 주에서 병이 발생했다는 사례가 보고되었다.

노스캐롤라이나에서는 작가 토머스 울프가 독감에 걸려 고통받는 형의 모습을 지켜보았다. "고통스럽게 겨우겨우 숨을 쉬는… 그것은 말도 안 되게 잔인했다."

시카고는 독감 사례가 38,000건 발생했으나 이를 이겨냈다.

애국심이 강한 어느 16살 소년은 전쟁에서 부상당한 사람들을 도우려고 적십자사 구급부대에 합류했다. 그러나 그도 독감 때문에 3주 동안 앓고 난 뒤에야 프랑스로 떠날 수 있었다. 그는 그곳에서 그림을 그려 인정받았는데, 이런 재능으로 훗날 커다란 명성을 누리게 된다.

미키 마우스를 만든 월트 디즈니라는 세계적인 명성을.

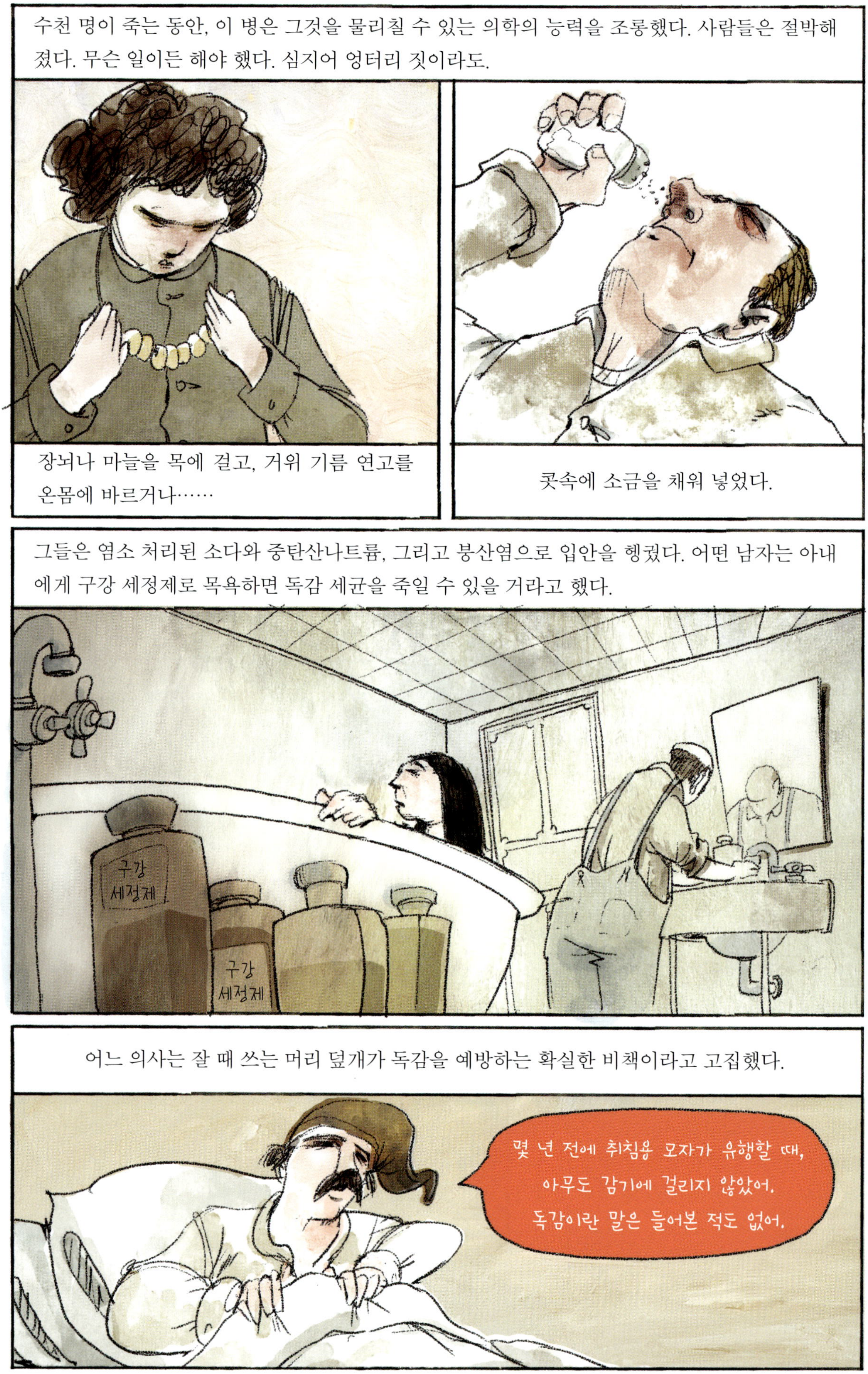
수천 명이 죽는 동안, 이 병은 그것을 물리칠 수 있는 의학의 능력을 조롱했다. 사람들은 절박해졌다. 무슨 일이든 해야 했다. 심지어 엉터리 짓이라도.
장뇌나 마늘을 목에 걸고, 거위 기름 연고를 온몸에 바르거나……
콧속에 소금을 채워 넣었다.
그들은 염소 처리된 소다와 중탄산나트륨, 그리고 붕산염으로 입안을 헹궜다. 어떤 남자는 아내에게 구강 세정제로 목욕하면 독감 세균을 죽일 수 있을 거라고 했다.
구강 세정제
구강 세정제
어느 의사는 잘 때 쓰는 머리 덮개가 독감을 예방하는 확실한 비책이라고 고집했다.
몇 년 전에 취침용 모자가 유행할 때, 아무도 감기에 걸리지 않았어. 독감이란 말은 들어본 적도 없어.

옳든 그르든, 양파는 거의 기적에 가까운 약으로 명성을 얻었다. 펜실베이니아의 어느 여성은 자녀 8명에게 양파로 만든 오믈렛, 수프, 샐러드만을 먹였다. 4살 된 딸이 독감에 걸리자 오리건 주에 사는 여성은 딸에게 양파 시럽을 먹이고, 또 사흘 동안 딸을 목까지 생양파로 덮었다. 이 딸은 독감과 치료법, 모두를 이겨내고 살아남았다.

뉴욕의 포드햄 의대 학장은 집에서 쉬기, 술, 간단한 식이요법, 그리고 '겨자 연고와 겨자 족탕 무료 사용'을 제안했다.

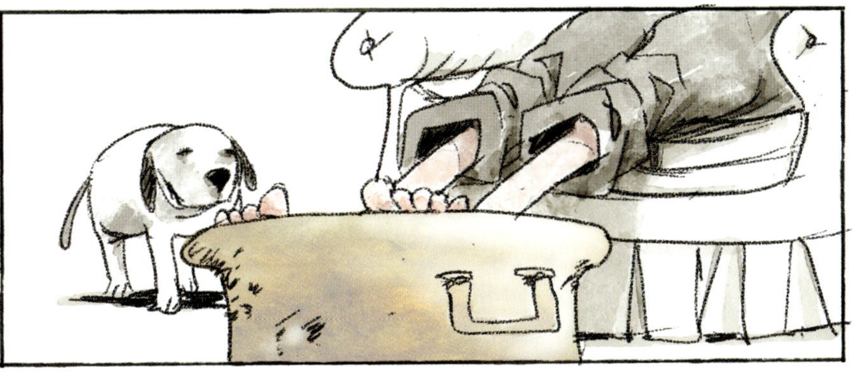

어떤 사람들은 독감을 예방하기 위해 유황이나 흑설탕이 혼합된 숯 연기의 허황된 힘을 믿고, 집 안을 청록색 연기로 가득 채웠다. 또 어떤 사람들은 테러빈유와 설탕을 몸에 뿌렸다.
가까이 오지 않아도 이 약의 냄새를 맡을 수 있을 거예요.
한 남자는 부엌에서 치료제 약 20리터를 스스로 만들었다.

그것은 진짜 약은 아니었지만, 약 냄새와 맛이 났다.

이 병이 어떻게 생겨나고 퍼졌는지 연구하는 과학 지식은 초기 단계였다. 박테리아와 특정 질병의 관련성은 여전히 밝히는 중이었다. 질병을 일으키는 바이러스의 성질은 훨씬 더 당혹스러웠다. 근거로 삼을 확실한 정보가 없다 보니 관계자들은 직감에 의존했고, 먼지가 독감을 촉진시킨다고 단정했다.

콜로라도의 한 마을은 물차와 소방 호스를 사용해 더러운 거리를 청소했다. 샌프란시스코의 거리 청소부들에게는 길과 인도를 물로 씻어 내라는 지시가 내려졌다.

뉴욕은 지하철 역과 계단을 물로 닦지 않는 것을 범죄로 규정했다. 이 법을 무시하면 감옥에 갇히거나 벌금을 내야 했다. 시카고 보건국장은 물청소 없이 교실과 복도에 빗질만 하는 학교 관계자들을 꾸짖었다. 그런데 외과 전문의 루퍼트 블루는 다음과 같이 경고했다.

솔직한 뉴욕의 어느 약사는 터무니없는 치료제를 사용하는 사람들을 이렇게 불렀다.

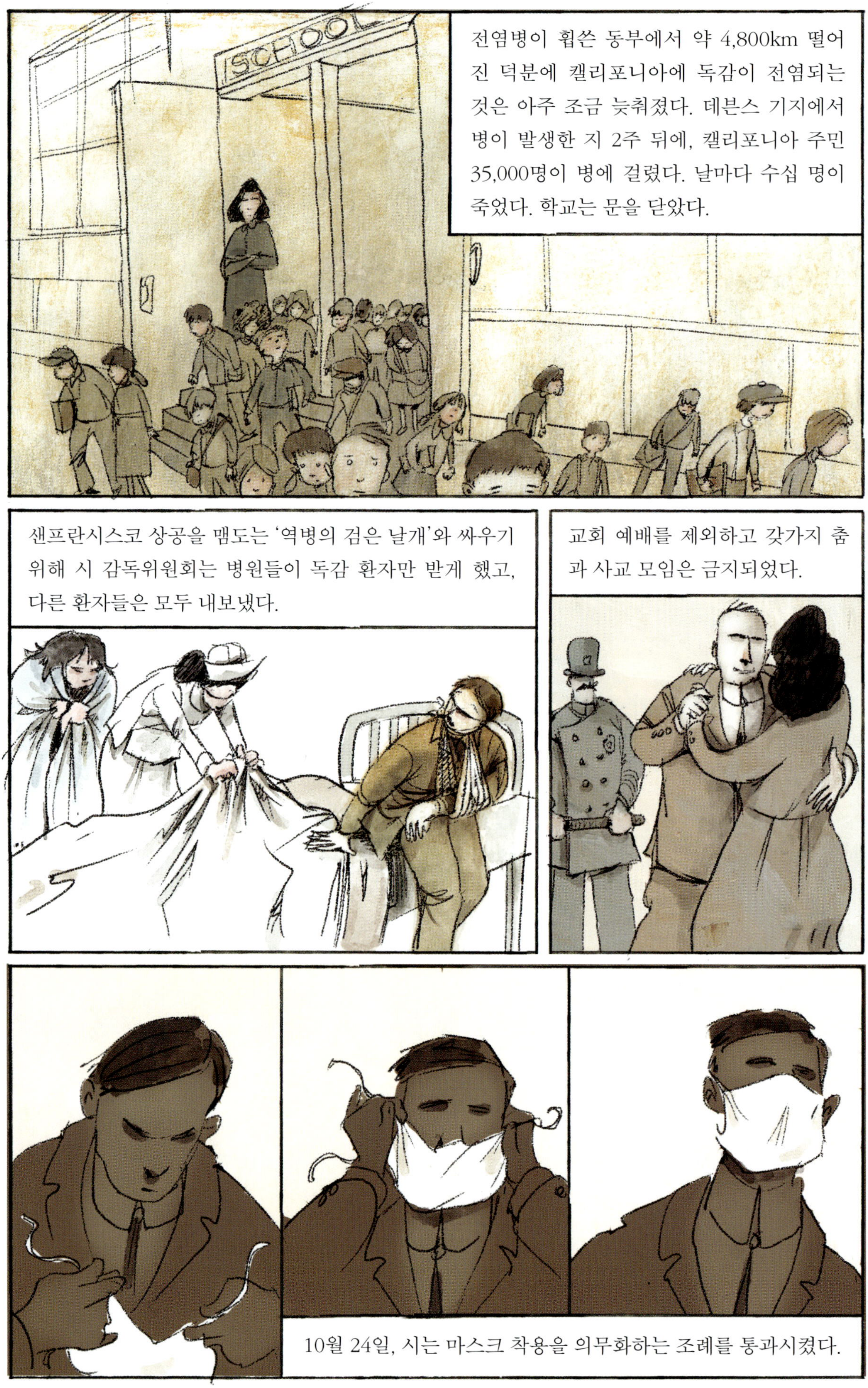
SCHOOL
전염병이 휩쓴 동부에서 약 4,800km 떨어진 덕분에 캘리포니아에 독감이 전염되는 것은 아주 조금 늦춰졌다. 데븐스 기지에서 병이 발생한 지 2주 뒤에, 캘리포니아 주민 35,000명이 병에 걸렸다. 날마다 수십 명이 죽었다. 학교는 문을 닫았다.
샌프란시스코 상공을 맴도는 '역병의 검은 날개'와 싸우기 위해 시 감독위원회는 병원들이 독감 환자만 받게 했고, 다른 환자들은 모두 내보냈다.
교회 예배를 제외하고 갖가지 춤과 사교 모임은 금지되었다.
10월 24일, 시는 마스크 착용을 의무화하는 조례를 통과시켰다.

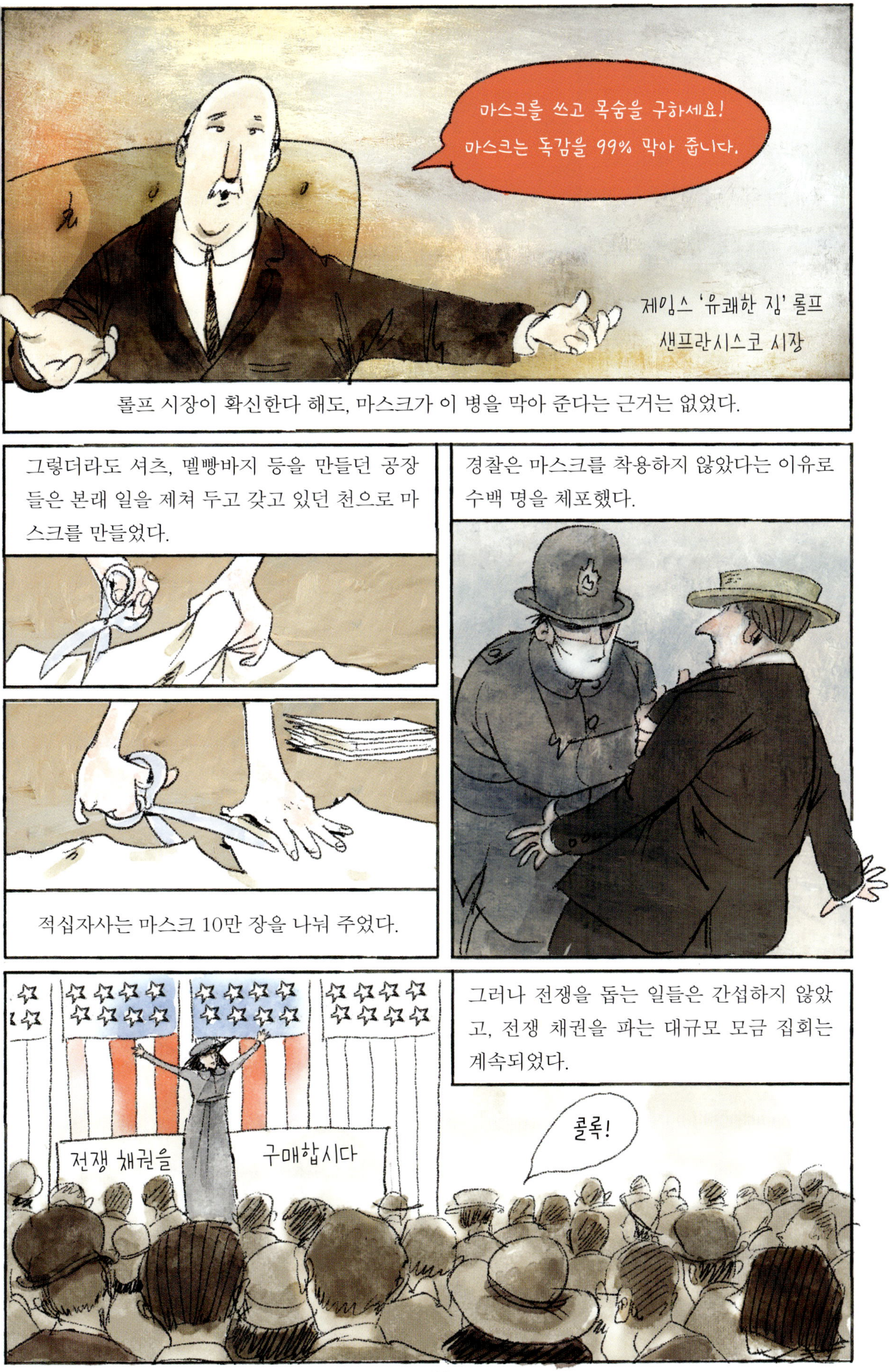
마스크를 쓰고 목숨을 구하세요!
마스크는 독감을 99% 막아 줍니다.
제임스 '유쾌한 짐' 롤프
샌프란시스코 시장
롤프 시장이 확신한다 해도, 마스크가 이 병을 막아 준다는 근거는 없었다.
그렇더라도 셔츠, 멜빵바지 등을 만들던 공장들은 본래 일을 제쳐 두고 갖고 있던 천으로 마스크를 만들었다.
적십자사는 마스크 10만 장을 나눠 주었다.
경찰은 마스크를 착용하지 않았다는 이유로 수백 명을 체포했다.
그러나 전쟁을 돕는 일들은 간섭하지 않았고, 전쟁 채권을 파는 대규모 모금 집회는 계속되었다.
전쟁 채권을
구매합시다
콜록!

샌프란시스코에서 가까운 오클랜드에서도 마스크 착용을 의무화했다. 벌금과 수감으로 위협하며, 이 법을 집행하기 위해 특별 '마스크 경찰' 300명에게 특수한 임무를 주었다. 이곳과 이웃한 버클리도 마스크법을 발표한 지 며칠 만에 '마스크 착용을 무시한 자' 175명을 체포했다.
시애틀 주민들도 마스크를 쓰라는 명령을 받았다. 전차 승무원들은 마스크를 착용하지 않은 승객들을 태우지 않았다.
참 이해할 수 없는 일이지만, 시애틀 공무원들은 마스크법의 여파로 갑자기 혼인신고가 줄어들고 이혼 신청이 늘어나는 것을 알아챘다.

샌프란시스코 시장은 이렇게 말했다.

마스크가 고통과 죽음으로부터 우리를 구했습니다.
제임스 '유쾌한 짐' 롤프
샌프란시스코 시장

그러나 디트로이트 보건국장은 이를 받아들일 수 없었다. 그는 10만 명이 '겁에 질려 병에 걸릴 것'이라면서 이렇게 말했다.

독감 마스크는 순전히 사기이자 '허튼소리'입니다.
제임스 인치스
디트로이트 보건국장

10월 말이 되자 샌프란시스코에서 독감의 힘이 약해졌다. 마스크 착용 명령은 11월 21일 낮 12시에 끝났다. 사람들이 마스크를 벗어 던지면서, 순식간에 마스크와 천이 길거리에 널렸다.

결국 샌프란시스코의 사망률은 서부해안 지역에서 가장 낮았다. 그러나 철사로 엮은 방충망이 파리를 막는 것처럼, 마스크는 독감 바이러스를 잠시 멈추게 할 뿐이었다.

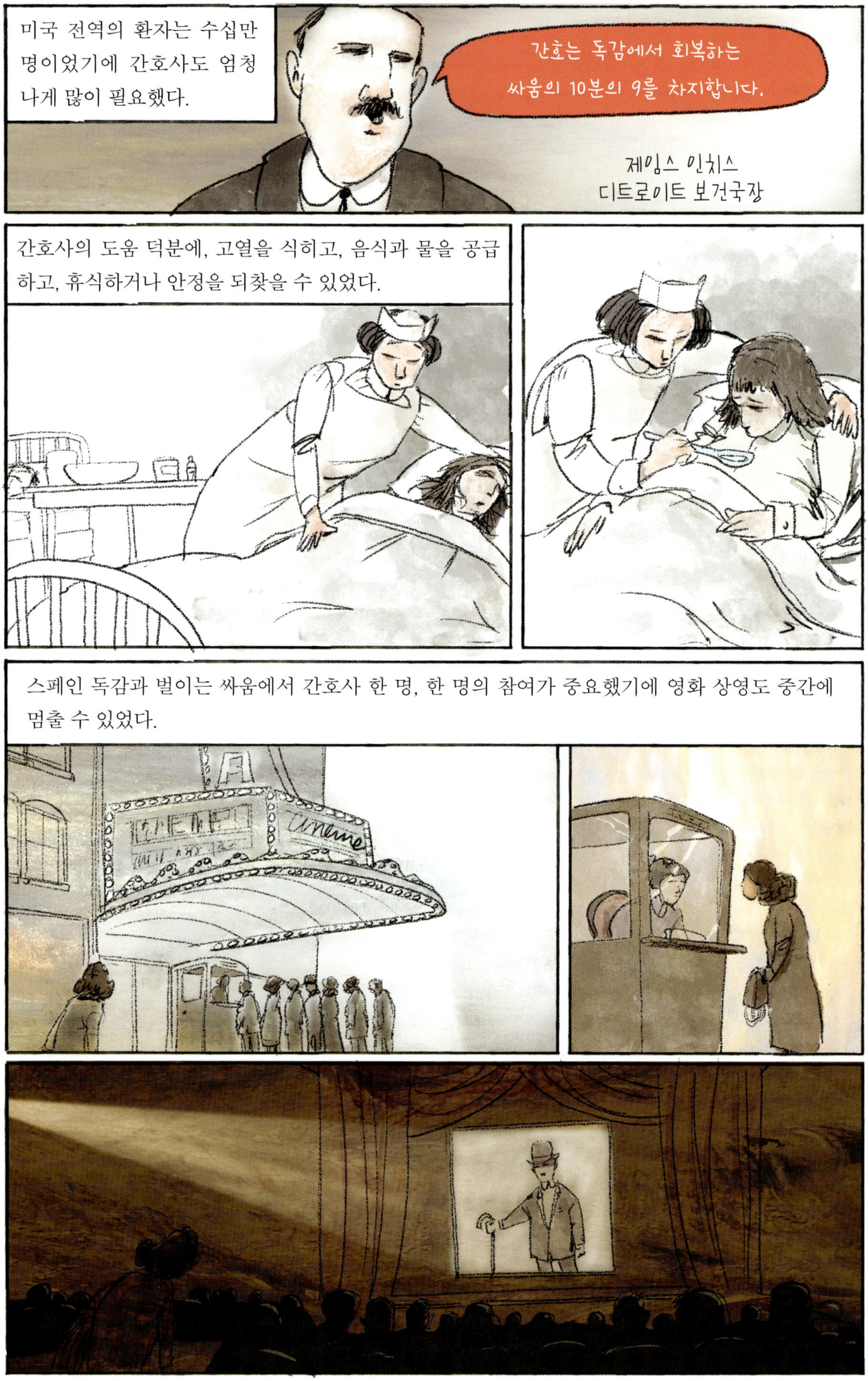
미국 전역의 환자는 수십만 명이었기에 간호사도 엄청나게 많이 필요했다.
간호는 독감에서 회복하는 싸움의 10분의 9를 차지합니다.
제임스 인치스
디트로이트 보건국장
간호사의 도움 덕분에, 고열을 식히고, 음식과 물을 공급하고, 휴식하거나 안정을 되찾을 수 있었다.
스페인 독감과 벌이는 싸움에서 간호사 한 명, 한 명의 참여가 중요했기에 영화 상영도 중간에 멈출 수 있었다.

막 졸업한 간호사인 조시 M. 브라운은 전염병이 끝날 때까지 하루에 16시간을 일하라는 명령을 받았다. 고된 노동을 오랫동안 해야 했다.

외과 의사 루퍼트 블루는 간호사와 의사를 구하는 데 애를 먹어, 미국 적십자사에 연락했다. 이 단체는 정부의 간호사 공식 채용 단체여서 등록된 간호사가 24,000명이었다.

그들 중에는 스페인 독감과 싸우는 데 꼭 필요하다고 검증된 본토방위 간호사들도 있었다. 이들은 훈련된 간호사들이지만, 나이와 결혼, 피부색 때문에 해외 파견이 부적합하다고 판정받은 사람들이었다. 유럽에서는 간호사가 부족했지만, 훈련받은 아프리카계 미국인 간호사들은 해외 근무를 거부당했다.

많은 간호사가 조시 브라운이 겪었던 가혹하고 우울한 경험을 견뎌 냈다. 병원들은 환자들로 넘쳐났다. 환자 수는 두 배, 세 배, 네 배로 늘어나는데, 간호사 수는 그만큼 늘지 않았다. 간호사들은 쉴 새 없이 계속해서 일해야 했다.

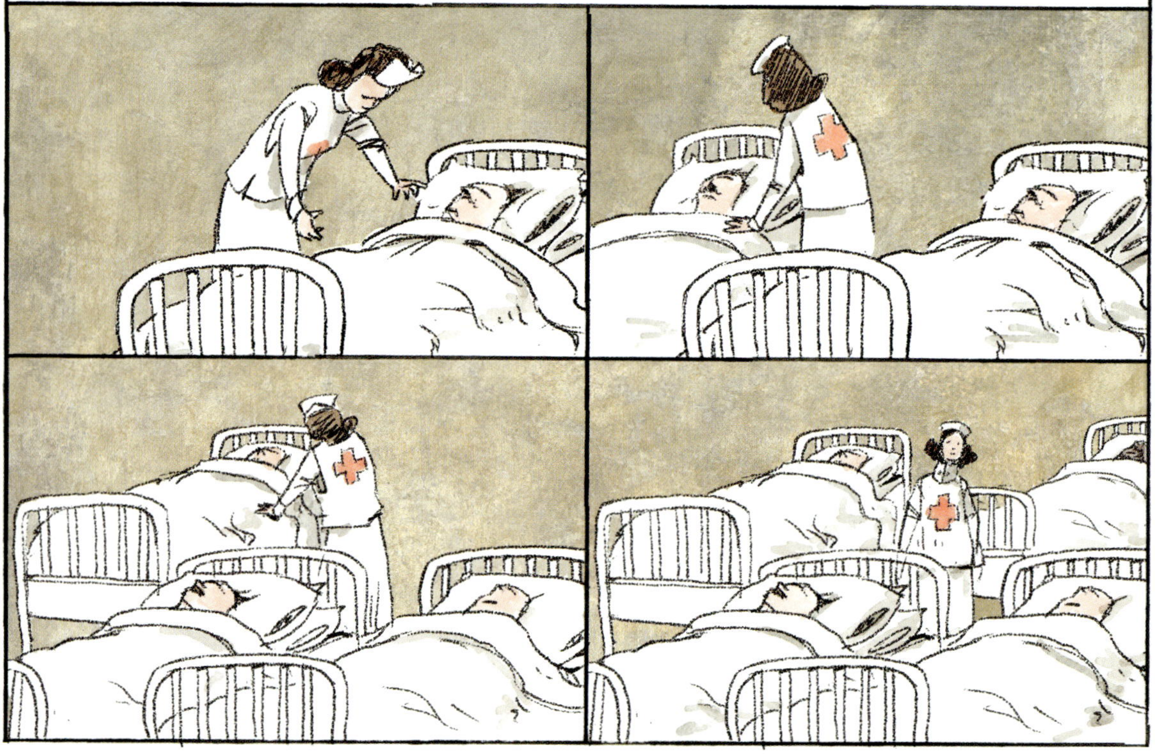

방문 간호사들은 빈민가 공동주택과 산간벽지 판잣집을 찾아다니며 봉사하고, 병들거나 공포에 휩싸인 사람들을 위로했다. 그들은 환자의 몸을 닦아 주고, 이불보를 갈아 주고, 체온을 재고, 음식을 나르고, 식사를 준비하고, 약을 나눠 주었다.
아프리카계 미국인 간호사 베시 호스는 자기 경험을 이렇게 이야기했다.
앨라배마의 탈라데가에서 약 10km 떨어진 오지에서 유색인 가족 10명이 침대에 누워 죽어 가고 있었어요. 그들이 바라는 건 사람들의 관심이었죠. 나는 소매를 걷어붙이고 닭을 잡아 요리하기 시작했어요. 내가 요리사가 아니라는 사실은 잊은 채 오로지 생명을 구하는 일만 생각했어요. 소젖을 짜고, 약을 먹이고, 내가 도울 수 있는 건 다 했어요.

그것은 사심 없고, 꼭 필요한 일이었다.
능력 있고, 의욕적인 여성이 갑자기 나타나서, 모자와 가운을 입은 진정한 자비의 천사처럼 일하며 사람들을 편안하게 해 주는 것이 고통받는 환자들에게 어떤 의미인지 상상할 수 있겠어요?

간호사가 턱없이 부족하자 간호사의 도움을 아예 받지 못하는 곳도 있었다. 이런 상황에서 일반 시민들은 위험을 무릅쓰고 부족한 부분을 메웠다. 콜로라도 주 듀랑고에서는…
간호사들이 아팠어요. 그래서 사람들, 선량한 사람들이 봉사를 자원했습니다.
샌프란시스코에서는 교사 500명이 자원했고, 학교 주방은 아픈 사람들을 위한 음식을 만드는 데 사용되었다. 시카고에서는 사설 단체 시설이 병원으로 전환되었고, 여성 단체 회원들은 자발적으로 간호사로 활동했다.
우리 집에는 가족 넷이 침대에 누워 있었고, 아파트 3층에는 이모와 이모부가 아들과 함께 병에 걸려 꼼짝 못 했어요.
가족들은 엄청난 짐을 짊어졌다.
그래서 엄마는 환자 7명을 돌보아야 했어요.
간호하는 데 따르는 위험은 무시한다고 사라지지 않았다. 전문가나 자원봉사자들도 안타까운 죽음을 피할 수 없었고, 그중에는 육군 간호사 127명도 있었다.

죽는 사람이 계속 늘었으나 의사들은 패배를 인정하지도 포기하지도 않았다. 뉴욕 시 공중보건국의 윌리엄 파크 연구소장은 독감 백신 개발에 도전했다.
공중보건국
연구소

예방접종은 순하거나 약해진 질병 균주를 사람에게 감염시켜 후천적 면역력을 키우는 것이다. 천연두 같은 질병처럼 독감에 맞는 백신을 찾을 수 있으리라는 확신이 있었다.

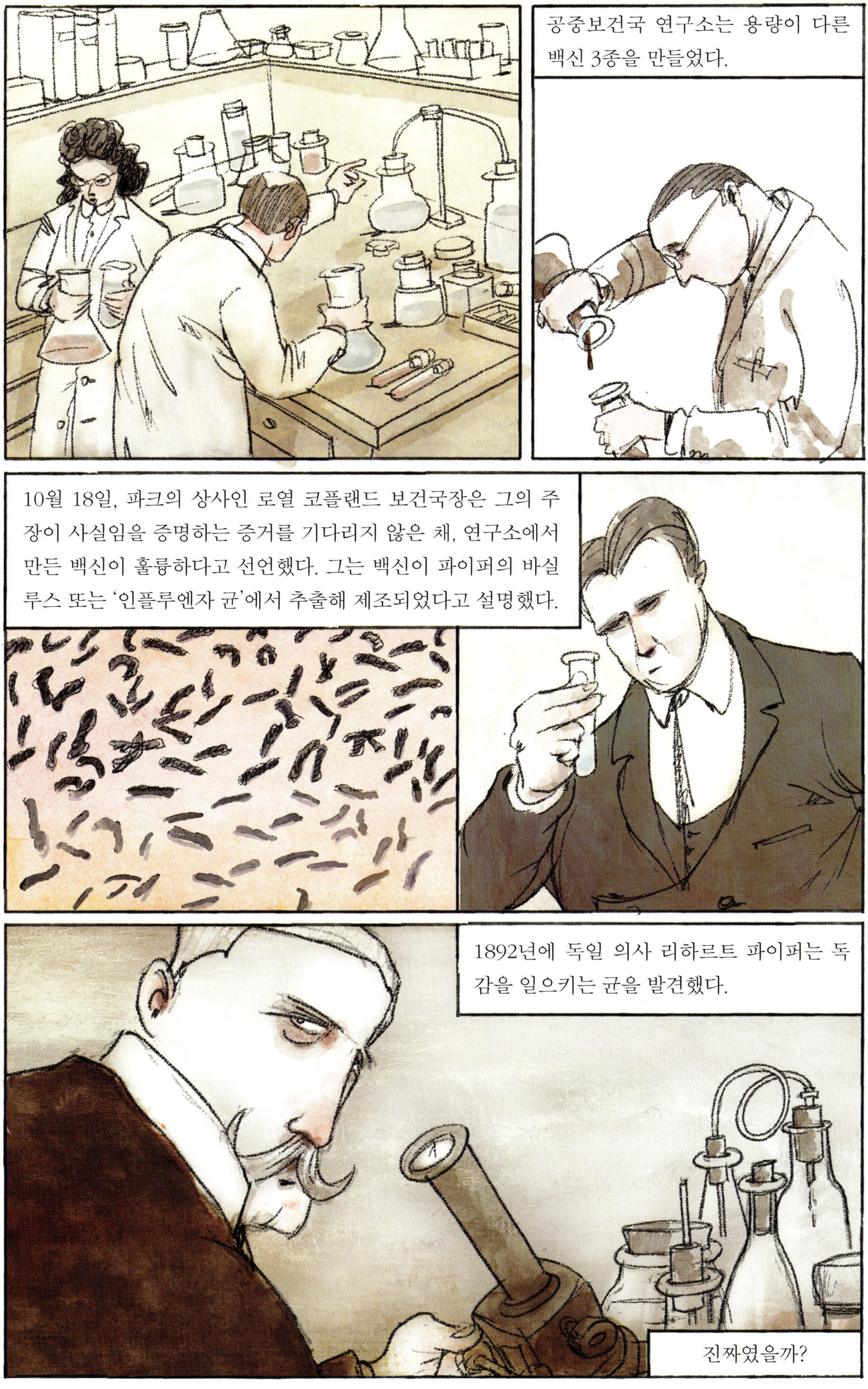
공중보건국 연구소는 용량이 다른 백신 3종을 만들었다.
10월 18일, 파크의 상사인 로열 코플랜드 보건국장은 그의 주장이 사실임을 증명하는 증거를 기다리지 않은 채, 연구소에서 만든 백신이 훌륭하다고 선언했다. 그는 백신이 파이퍼의 바실루스 또는 '인플루엔자 균'에서 추출해 제조되었다고 설명했다.
1892년에 독일 의사 리하르트 파이퍼는 독감을 일으키는 균을 발견했다.
진짜였을까?

50여 년 전에 프랑스의 화학자 루이스 파스퇴르는 질병에 대한 혁명적인 세균 이론을 주장했다. 그 이론은 어떤 질병은 몸 밖에서 온 세균의 공격 때문에 발생한다는 것이었다. 그는 미생물들이 콜레라, 결핵, 천연두, 광견병 등을 유발한다고 말했다.

자연에 존재하는 무한히 작은
존재들의 역할은 무한히 큽니다.

1885년, 한 엄마가 광견병 개에게 물린 아들을 데리고 파스퇴르를 찾아갔다. 파스퇴르에게는 광견병 예방 백신이 있었으나 검증되지 않은 것이었다. 자신의 도움 없이는 죽을 수밖에 없었던 아이에게, 파스퇴르는 실험용 백신의 부작용에 대한 걱정을 떨치고 백신을 접종했다.

아이는 살았다.

다른 과학자들도 파스퇴르가 추구한 세균 이론을 따랐다. 그 가운데 한 명이 리하르트 파이퍼였다. 1892년, 파이퍼는 독감을 일으키는 것이 균이라고 주장했다. 그러나 미생물을 동물에 감염시켰을 때, 실험동물이 전염되지 않은 문제가 있었다. 파이퍼는 훌륭한 업적을 남긴 유명한 과학자였고, 그의 명성이 승리했다. 약간의 강요에 못 이겨, 세계는 그가 옳다고 합리화했고, 1918년까지 파이퍼의 바실루스가 독감과 관련돼 있다는 것이 통념이었다.★

★ 리차드 파이퍼는 1892년에 독감환자 인후에서 공통적으로 발견되는 세균을 분리해 냈고, 사람들은 이것이 스페인 독감의 병원균이라고 생각했다. 독감의 원인균이 파이퍼의 바실루스가 아니라 바이러스라는 사실은 1930년대(1933년)에 이르러서야 확실히 밝혀진다—옮긴이.

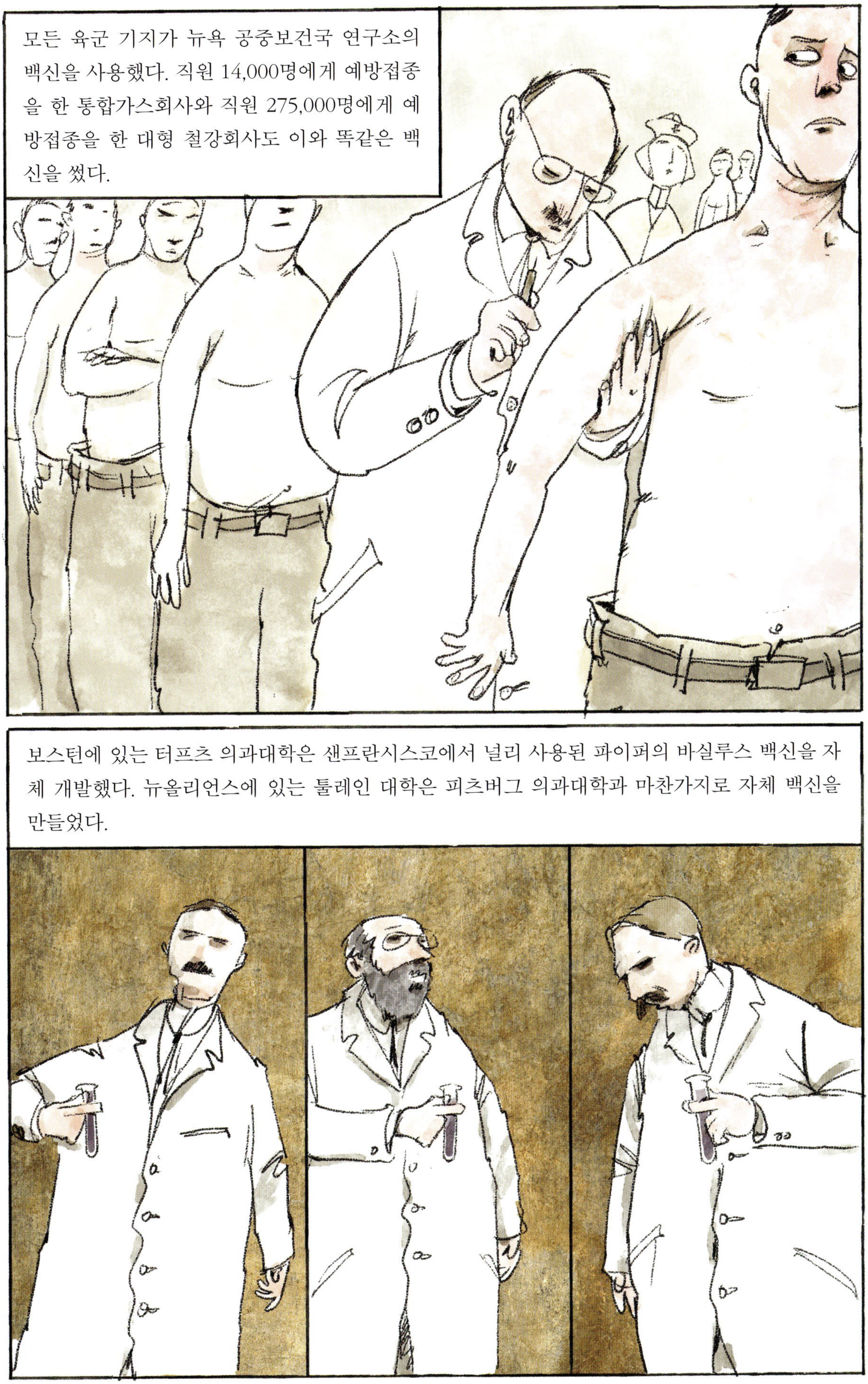
모든 육군 기지가 뉴욕 공중보건국 연구소의 백신을 사용했다. 직원 14,000명에게 예방접종을 한 통합가스회사와 직원 275,000명에게 예방접종을 한 대형 철강회사도 이와 똑같은 백신을 썼다.
보스턴에 있는 터프츠 의과대학은 샌프란시스코에서 널리 사용된 파이퍼의 바실루스 백신을 자체 개발했다. 뉴올리언스에 있는 툴레인 대학은 피츠버그 의과대학과 마찬가지로 자체 백신을 만들었다.

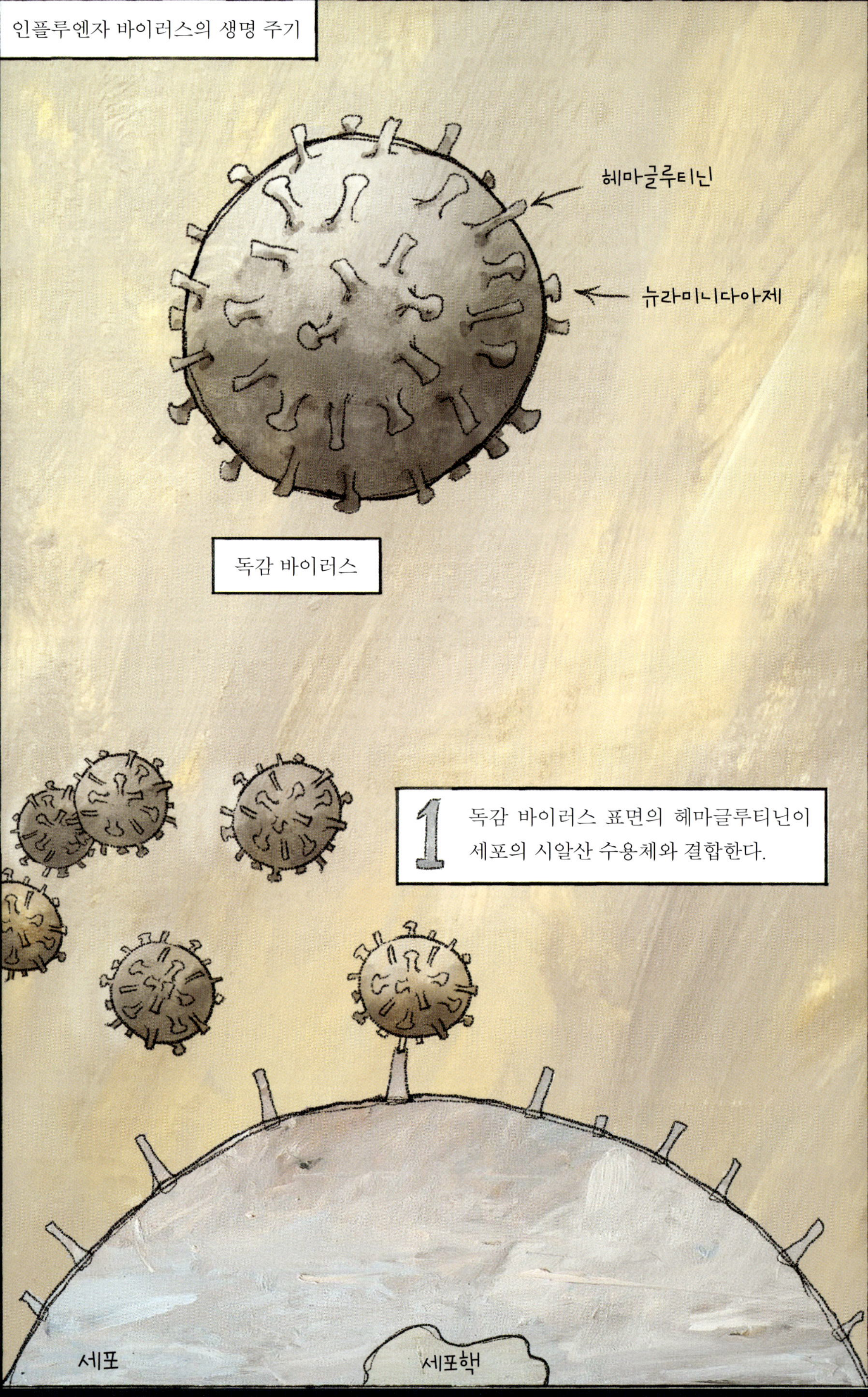
인플루엔자 바이러스의 생명 주기
헤마글루티닌
뉴라미니다아제
독감 바이러스
1
독감 바이러스 표면의 헤마글루티닌이 세포의 시알산 수용체와 결합한다.
세포
세포핵

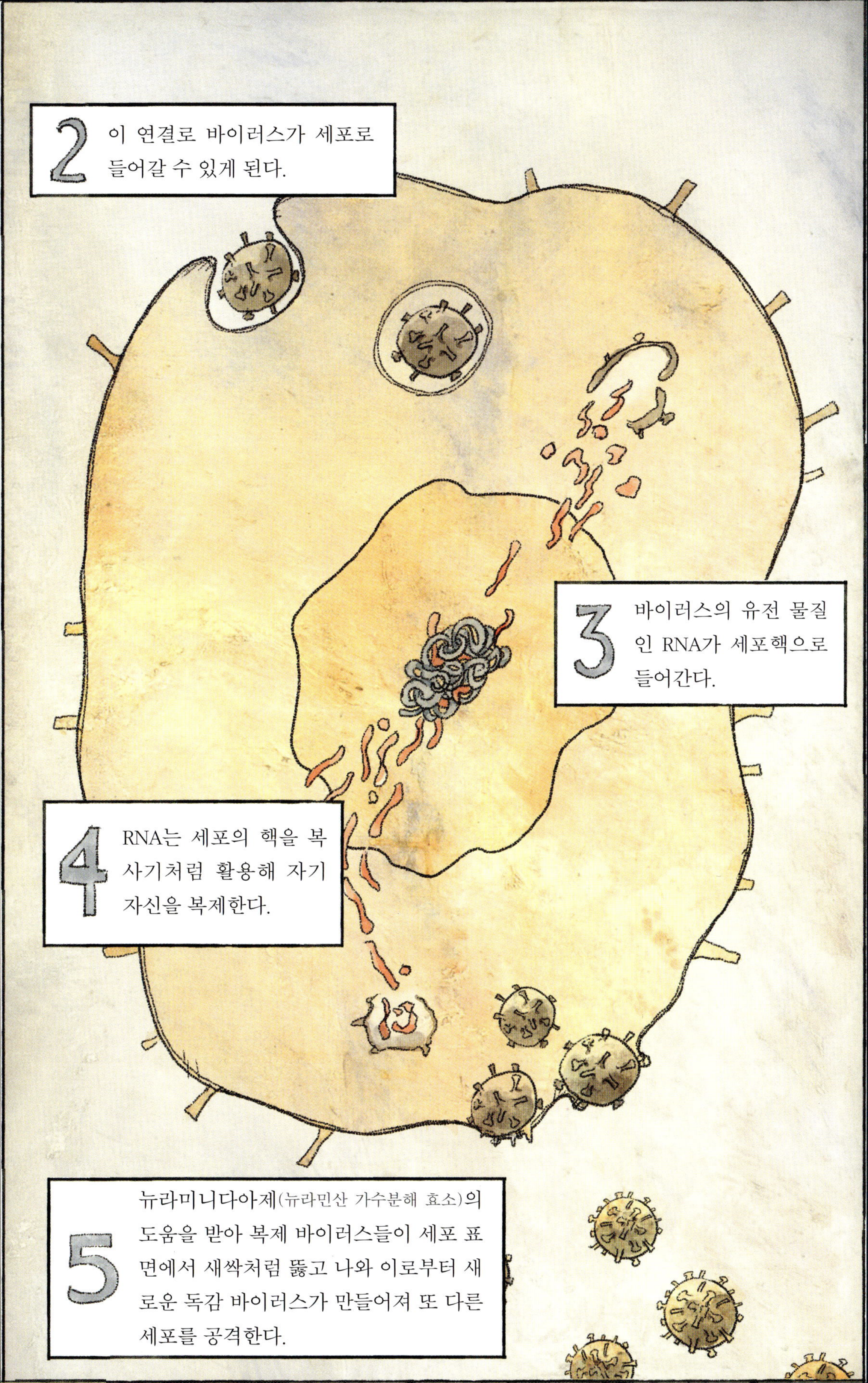
2 이 연결로 바이러스가 세포로 들어갈 수 있게 된다.
3 바이러스의 유전 물질인 RNA가 세포핵으로 들어간다.
4 RNA는 세포의 핵을 복사기처럼 활용해 자기 자신을 복제한다.
5 뉴라미니다아제(뉴라민산 가수분해 효소)의 도움을 받아 복제 바이러스들이 세포 표면에서 새싹처럼 뚫고 나와 이로부터 새로운 독감 바이러스가 만들어져 또 다른 세포를 공격한다.

그러나 윌리엄 파크는 그의 실험이 철저한지 의문을 품게 되었다. 예측과 달리 모든 독감 사례에서 파이퍼의 바실루스를 발견하지 못해 골치가 아팠다. 이런 사실에 다른 사람들도 당황했다. 치명적인 전염병이 걷잡을 수 없이 퍼지는 동안 보스턴에서 일하던 해군 군의관도 환자들의 목 세정제와 가래에서 바실루스를 찾는 데 어려움을 겪었다. 시카고에서는 한 과학자가 독감 환자 중 3분의 1에게서만 바실루스가 발견된다고 보고했다.

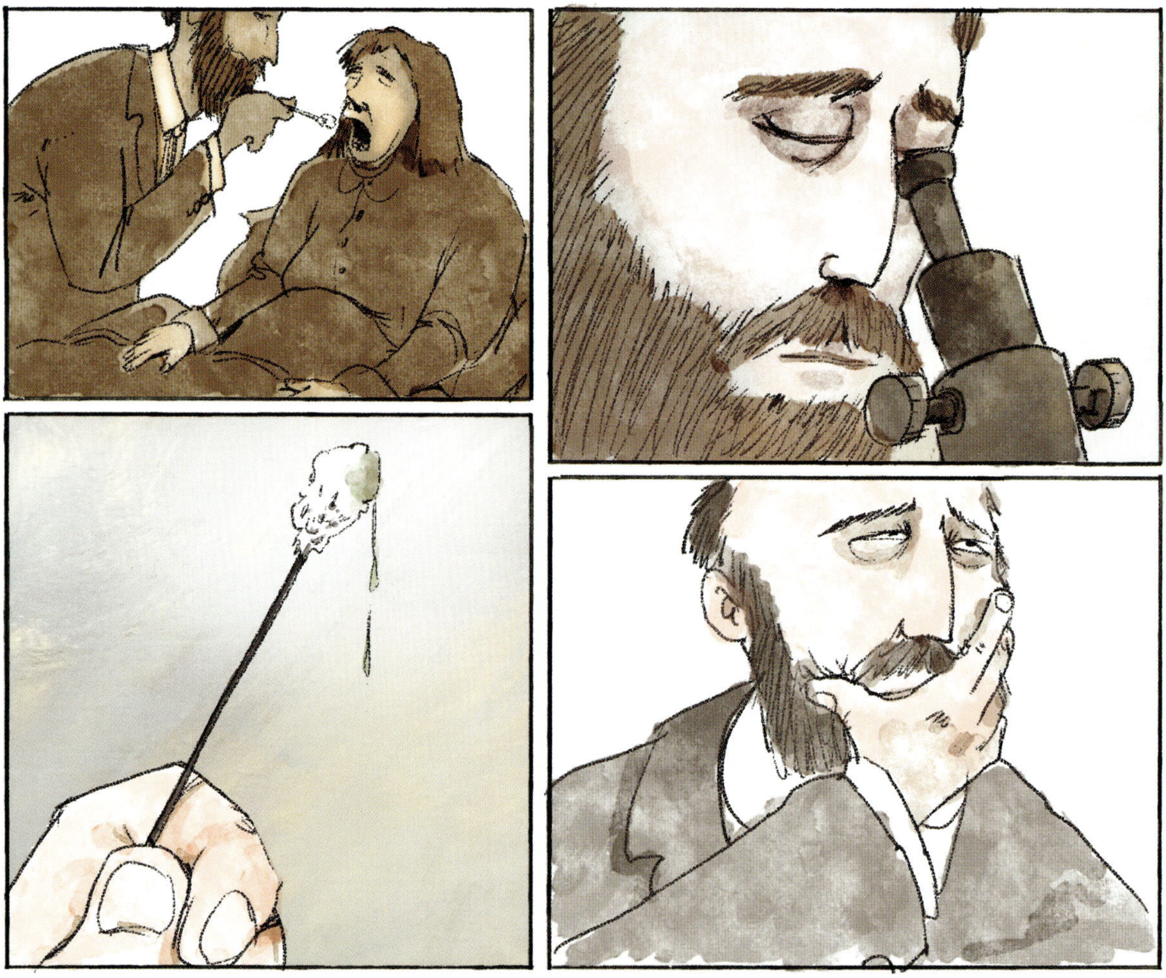

이 질병의 기이한 특성은 효과적인 치료법을 찾기 위한 추적을 어렵게 만들었다. 잘 모르는 관찰자들조차 스페인 독감이 사람에게서 사람으로 재빠르게 옮겨 가는 것을 알 수 있었다. 그러나 지원자들에게 병을 전염시키는 방법으로 독감을 연구하는 실험은 실패를 거듭했다.

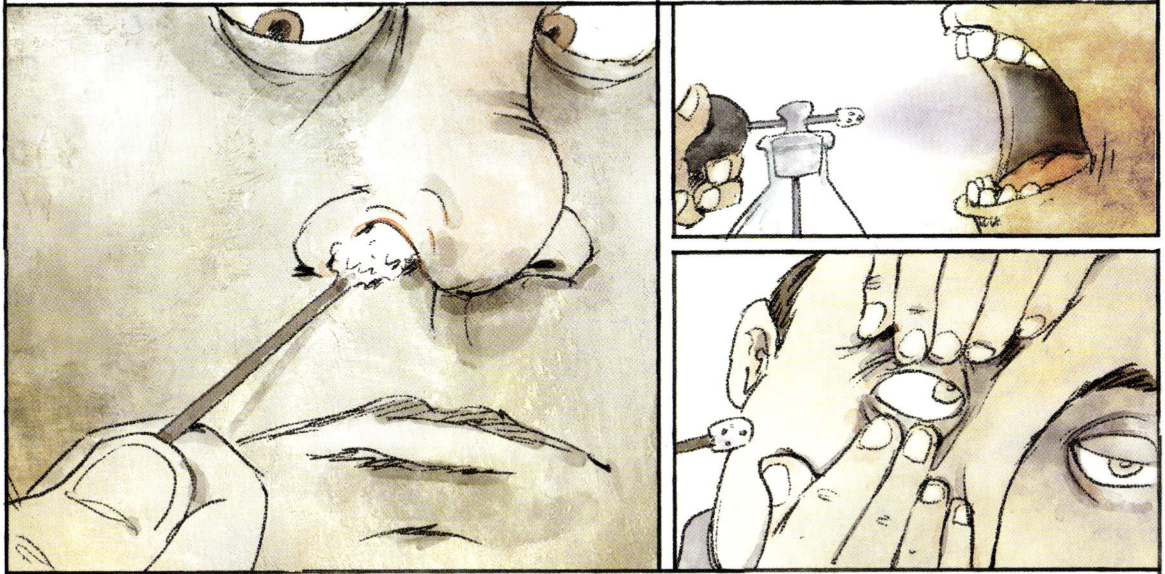

하버드 대학 교수 밀턴 로제나우 박사는 해군 지원자 162명을 상대로 보스턴과 샌프란시스코에서 실험을 했다. 그는 파이퍼의 바실루스를 자원봉사자들의 눈, 코, 목에 면봉으로 문지르거나 뿌렸다. 그러나 병에 걸리는 사람은 아무도 없었다. 일부 자원봉사자들은 독감 환자들과 악수를 하거나 환자들의 숨을 들이마시라는 지시를 받았다.

어떤 자원봉사자들은 상태가 심한 환자가 재채기할 때 직접 얼굴을 갖다 대는, 아주 지저분한 실험에 참여했다. 이번에도 병에 걸린 사람은 없었다.

어떤 과학자는 이렇게 말했다.

"의사들은 14세기 피렌체 의사들이 흑사병에 대해 알고 있었던 것만큼이나 이 독감에 대해 아는 것이 없다."

아마도 우리가 무언가 배운 게 있다면, 그것은 우리가 그 질병에 대해 무엇을 알고 있는지 확신할 수 없다는 겁니다.
밀턴 로제나우 박사
죽음은 계속되었다.

독감에서 비롯된 비극은 아주 폭넓게 전염되면서 세계로 퍼졌고, 이를 팬데믹(세계적 대유행)이라고 불렀다. 어느 곳으로 전염될지는 아무도 알 수 없었다.

인도의 뭄바이는 뉴욕의 지구 반대편 끝에 있었다. 그러나 독감은 같은 때에 두 도시에서 절정에 이르렀다.

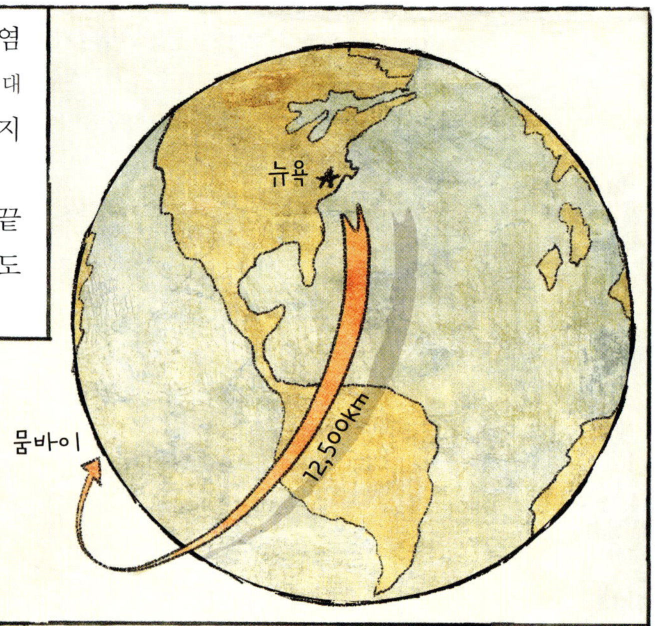

전염병이 발생한 동부 해안에서 멀리 떨어진, 대륙 서쪽에 있는 시애틀, 로스앤젤레스, 샌프란시스코의 서부 해안 도시들에도 퍼졌다. 동부 해안에서 가까운 피츠버그 동부보다 먼저 전염병이 걷잡을 수 없이 퍼졌다.

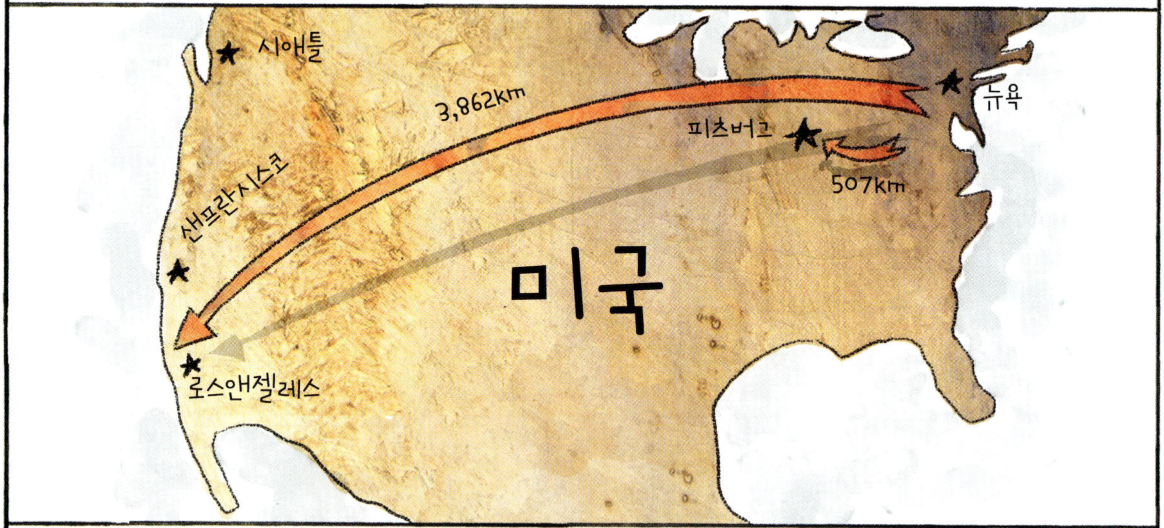

독감이 코네티컷 주를 가로질러 130km 거리까지 퍼지는 데는 3주가 걸렸다.

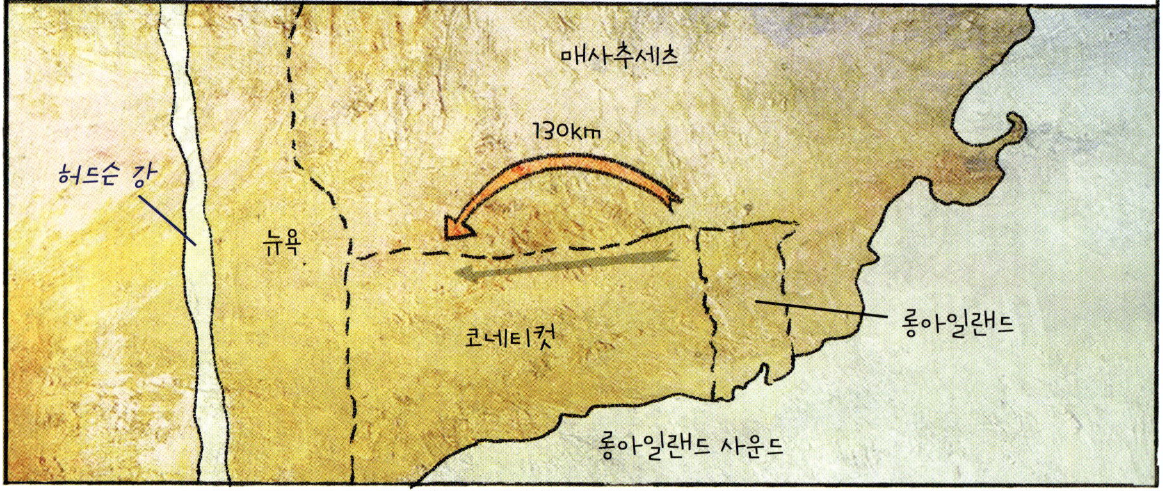

인도에서는 독감으로 1,700만 명이 넘게 사망했다. 거리에는 죽은 사람들과 죽어 가는 사람들이 어지럽게 널려 있었다. 시신들은 장작불로 화장했다.
장작이 떨어지자 시신들은 강물에 버려졌고, 이 때문에 강물이 막히기도 했다.
이 독감은 인도의 민족주의 지도자 마하트마 간디도 덮쳤지만, 그는 살아남아 1947년에 인도를 영국의 식민지에서 해방시켰다.
팬데믹은 남아프리카공화국을 덮쳐 인구의 절반을 감염시켰다. 텅 빈 케이프타운의 거리와 가게는 이곳이 '죽음의 도시'라는 사실을 보여 주었다.
오스트리아에서는 표현주의 화가 에곤 실레가 침대에 누워 독감으로 삶을 마감해 가던 그의 임신한 아내를 화폭에 담았다. 죽은 아내의 초상화는 그의 마지막 작품이었다.
그는 사흘 뒤 독감으로 죽었다. 에곤 실레의 스승이었던 구스타프 클림트도, 독일의 사회과학자 막스 베버도 스페인 독감에 희생되었다.

3막

1919년

이 질병은 '6주에서 8주간 집중적으로 확산되는 전염병'임이 입증되었는데, 사람들이 모여 있는 군부대에서 더욱 빨리 진행되었다. 발병 사례 수가 뚝 떨어졌다. 그러나 갑자기 다시 불길을 일으키는 모닥불의 잔불처럼 1919년에 독감의 불씨가 되살아났다.

프랑스 파리에서는 1918년 말 전염병 유행이 시들해지는 듯싶더니, 1919년 초에 다시 홍수처럼 쏟아졌다. 세계의 주요 지도자들이 1차 세계대전을 끝내는 평화회의에 참석했을 때도 전염병이 강타했다.

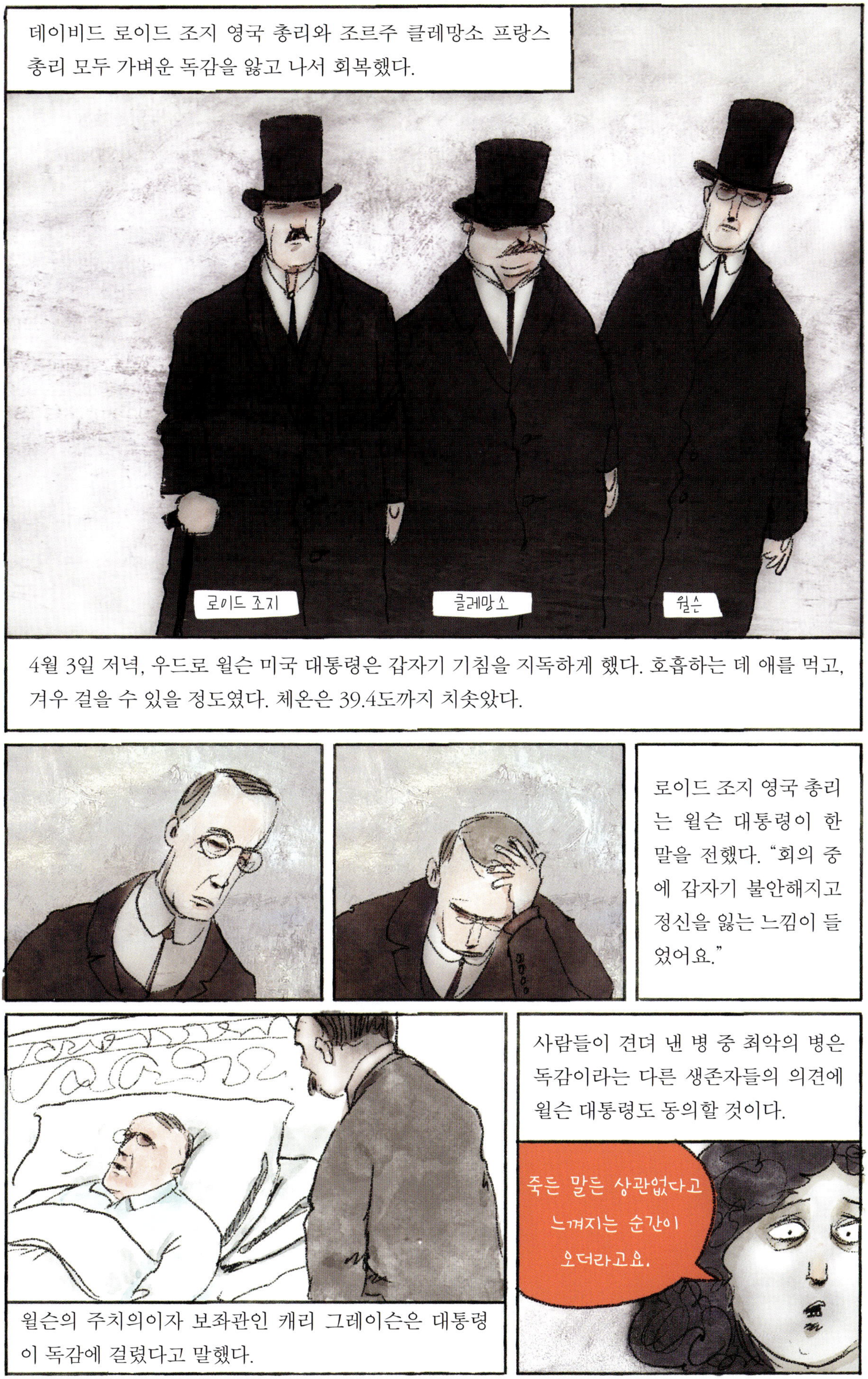
데이비드 로이드 조지 영국 총리와 조르주 클레망소 프랑스 총리 모두 가벼운 독감을 앓고 나서 회복했다.
로이드 조지
클레망소
윌슨
4월 3일 저녁, 우드로 윌슨 미국 대통령은 갑자기 기침을 지독하게 했다. 호흡하는 데 애를 먹고, 겨우 걸을 수 있을 정도였다. 체온은 39.4도까지 치솟았다.
로이드 조지 영국 총리는 윌슨 대통령이 한 말을 전했다. "회의 중에 갑자기 불안해지고 정신을 잃는 느낌이 들었어요."
윌슨의 주치의이자 보좌관인 캐리 그레이슨은 대통령이 독감에 걸렸다고 말했다.
사람들이 견뎌 낸 병 중 최악의 병은 독감이라는 다른 생존자들의 의견에 윌슨 대통령도 동의할 것이다.
죽든 말든 상관없다고
느껴지는 순간이
오더라고요.

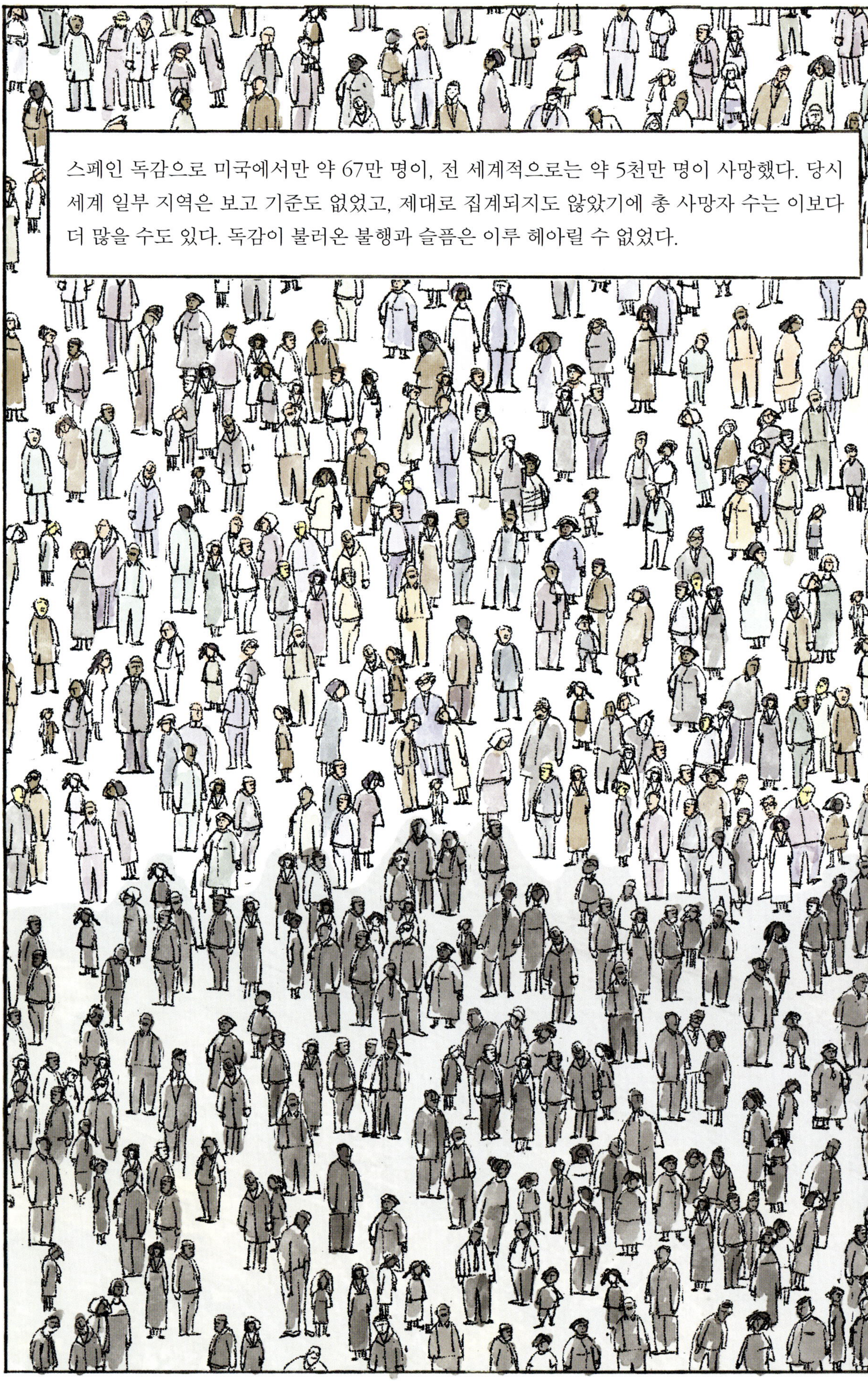
스페인 독감으로 미국에서만 약 67만 명이, 전 세계적으로는 약 5천만 명이 사망했다. 당시 세계 일부 지역은 보고 기준도 없었고, 제대로 집계되지도 않았기에 총 사망자 수는 이보다 더 많을 수도 있다. 독감이 불러온 불행과 슬픔은 이루 헤아릴 수 없었다.

전 세계 인구의 약 3분의 1(약 5억 명)이 감염되었다.

무엇이 사람들을 죽였는지 아무도 확실히 말할 수 없었다.

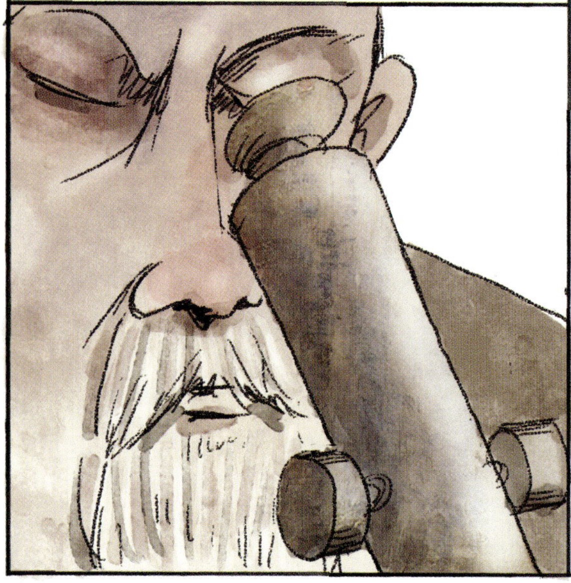

어쨌든 파이퍼의 바실루스는 아니었다.

파이퍼의 바실루스가 아니라면 무엇일까? 원인을 찾아내는 것은 복잡한 문제였다. 1920년에 저명한 웰치 박사는 독감 연구 상황을 조사하고 슬픈 어조로 말했다.

그 후 미국 과학자 리처드 쇼프가 인간에게서 발병하는 병을 거울처럼 잘 반영한 질병인 돼지 독감에 호기심을 갖게 되었다.

스페인 독감이 한창 퍼질 때, 무언가 알아챈 미국 동물산업국의 조사관은 다음과 같이 말했다.

사람들 사이의 전염병과 돼지들 사이의 전염병의 유사성이 매우 높았어요.
돼지들 사이에서 전염병이 발생하면 곧바로 농장 가족들 사이에서도
전염병이 뒤따르거나, 또는 그 반대 현상이 벌어진다는 보고가 잦았어요.
가장 두드러진 우연의 일치를 보여 주는 것이었죠.…
그것은 '독감'처럼 보였고, 증상도 '독감'과 같았어요.

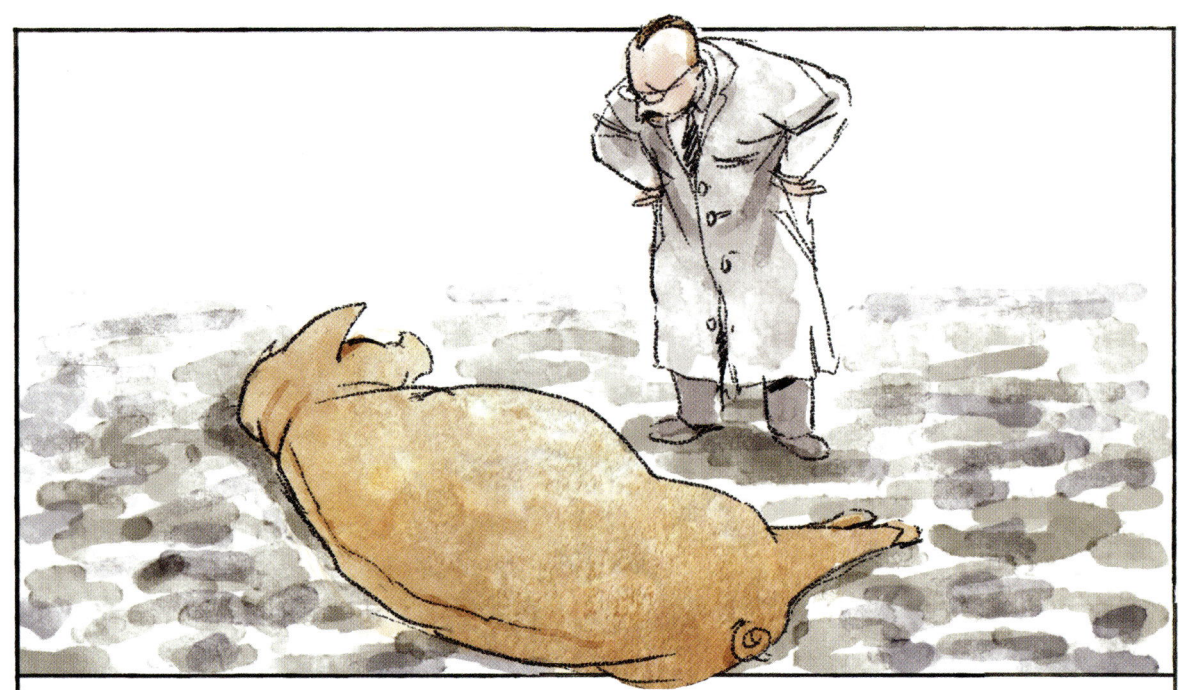

돼지 독감에 관해 얻은 지식을 고려하여, 쇼프 박사는 독감에 걸린 돼지 콧물을 훨씬 작은 바이러스는 통과시키지만 박테리아는 통과 못 하는 아주 미세한 여과기로 거르는 실험들을 실시했다. 그는 여과된 콧물을 이용해 건강한 돼지를 감염시켰다.

박테리아를 제거하여 실시한 이 실험으로 바이러스가 병을 유발한다는 것이 증명되었다.

만약 바이러스가 돼지에게 독감을 일으킨다면, 인간에게 독감을 일으키는 원인도 바이러스라고 생각하는 것이 합리적이었다. 1933년 영국 과학자 윌슨 스미스, 크리스토퍼 H. 앤드루스, 패트릭 레이들로 셋이 독감 환자의 점액을 박테리아가 없도록 여과한 뒤 흰 담비에 감염시켰다. 흰 담비는 인간 독감에 걸리는 뜻밖의 체질을 갖고 있었다.
그러고 난 뒤, 병에 걸린 담비가 건강한 담비에게 독감을 전염시켰다.
이 과정에서 어떤 담비가 윌슨 스미스의 얼굴에 재채기를 했는데, 이 때문에 병에 걸린 담비가 사람에게 병을 옮길 수 있다는 사실도 증명됐다. 이 증거는 독감의 원인이 바이러스임을 가리켰다.

그러나 바이러스를 질병의 병원균으로 인식하는 것만으로는 스페인 독감의 특이한 사망 현상을 설명하지 못했다. 질병이 사라지면서 그 수수께끼를 풀 수 있는 기회도 함께 사라지는 것 같았다. 그 뒤 1918년의 한 병사와 1995년의 한 과학자의 겹쳐지는 운명은 수수께끼 해결의 실마리가 되었다.

1918년, 21살의 로스코 본은 사우스캐롤라이나 주 잭슨 기지 소속의 군인으로, 그곳의 병사는 모두 43,000명이었다. 그러나 본은 1차 세계대전에 참전하지 못했다.

그는 독감에 시달리다가 결국 9월 26일 오전 6시 30분에 사망했다.

죽음의 원인을 확인하기 위해 군의관이 부검을 실시했다.

그는 본의 병든 폐 한 조각을 떼어내 왁스의 일종인 파라핀에 밀봉했다.

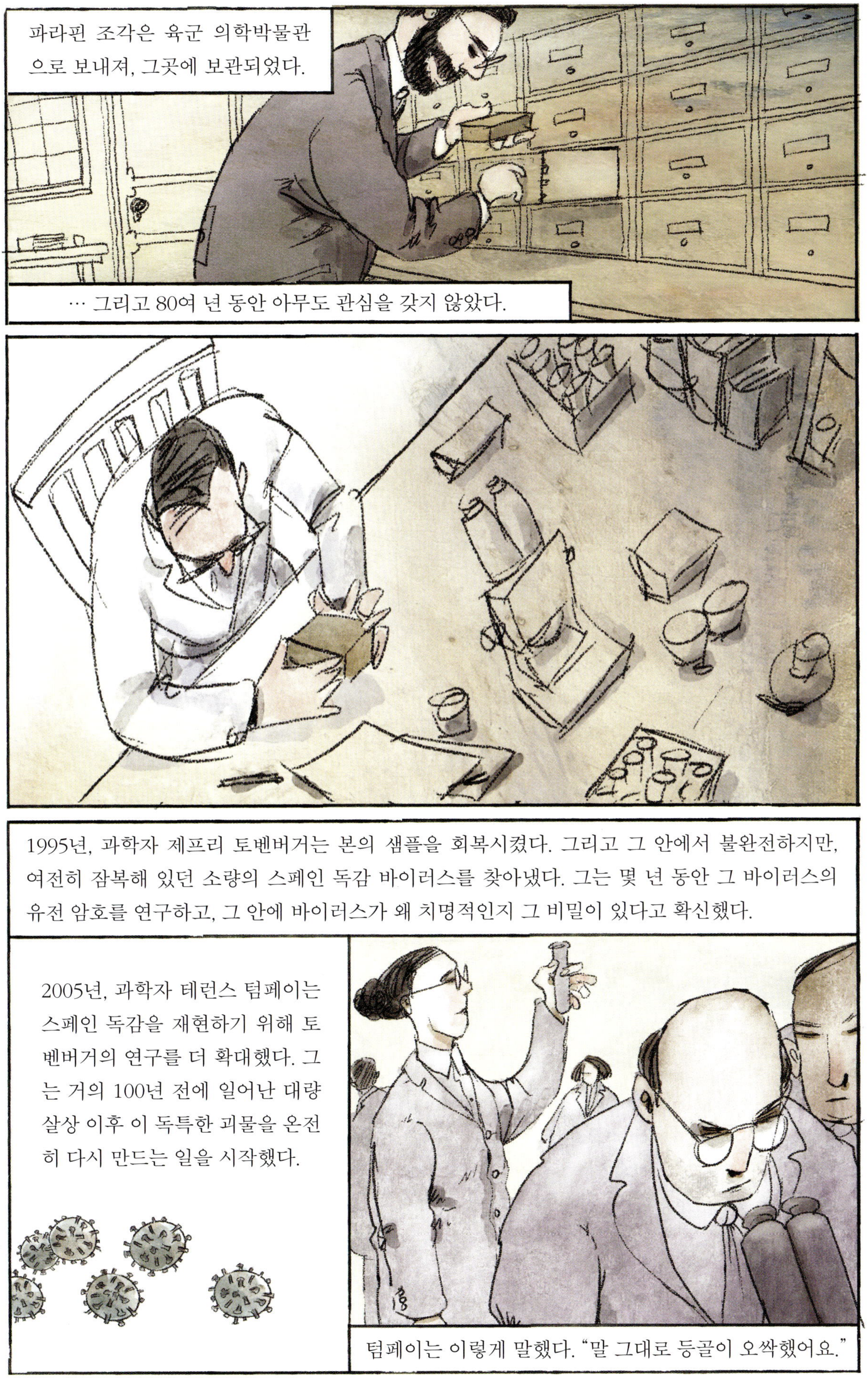
파라핀 조각은 육군 의학박물관으로 보내져, 그곳에 보관되었다.
… 그리고 80여 년 동안 아무도 관심을 갖지 않았다.
1995년, 과학자 제프리 토벤버거는 본의 샘플을 회복시켰다. 그리고 그 안에서 불완전하지만, 여전히 잠복해 있던 소량의 스페인 독감 바이러스를 찾아냈다. 그는 몇 년 동안 그 바이러스의 유전 암호를 연구하고, 그 안에 바이러스가 왜 치명적인지 그 비밀이 있다고 확신했다.
2005년, 과학자 테런스 텀페이는 스페인 독감을 재현하기 위해 토벤버거의 연구를 더 확대했다. 그는 거의 100년 전에 일어난 대량 살상 이후 이 독특한 괴물을 온전히 다시 만드는 일을 시작했다.
텀페이는 이렇게 말했다. "말 그대로 등골이 오싹했어요."

이 바이러스가 다시 만들어졌어야 했을까?
전문가들은 항바이러스제, 백신, 새로운 유행병을 막기 위한 전략을 개발하기 위해서 가능한 한 많은 것을 배울 필요가 있다고 주장합니다.
1918~19년에 충격적인 독감 대유행을 불러온 바이러스에 대해 최대한 이해하는 것은 어쩌면 다음에 있을지 모를 독감 대유행을 대비하고 저지하기 위한 노력을 계속할 때 반드시 필요한 일입니다.
의도하든 의도치 않든, 1918년 독감이 다시 모습을 드러내지 않는다고 누가 말할 수 있을까요?
전염성이 높고 치명적인 생물학적 바이러스가 유출되면 수천만 명이 죽을 수도 있어요. 어떤 건 수억 명의 목숨을 앗아갈 수도 있고요.
과연 정답이 있을까?

스페인 독감은 3막으로 구성된 비극이었다.

1막: 스페인 독감은 1918년 초에 찾아와서, 미국과 유럽, 그리고 어쩌면 아시아 전역의 사람들을 덮쳤다. 많은 사람이 고통을 받았으나 죽는 이는 아주 일부였다. 더 정확히 말하면, 스페인 독감으로 죽은 이들의 수는 일반적인 독감에 걸려 사망하는 이들의 수 정도였다.

스페인 독감이 어떻게, 왜 생겨났는지 구체적인 원인은 지금도 논의되고 있다. 지금까지 드러난 증거는 이것이 미국 동부에서 처음 나타났다고 암시하지만 모든 연구자가 동의하지는 않는다. 아마도 그 바이러스는 독감균의 흔한 숙주인 야생 수생조류의 창자에서 유래되었을 것이다. 이 조류에서 나온 분비물들이 가축으로 기르는 닭, 오리, 그리고 결국 사람들을 감염시켰다. 또는 미생물이 가금류에서 돼지로 옮겨 가고, 그런 다음 바이러스가 새로운 변종으로 변형되어 사람들을 감염시켰다. 1차 세계대전 당시 병사들이 병영에 모이고 다른 지역으로 수송되는 바람에 바이러스가 더 널리 퍼졌다.

2막: 8월까지, 잔인한 독감 변종은 다른 이들보다 더 많이 희생된 젊은이들의 치사율이 더해져, 일반 독감보다 25배 더 치명적인 독성으로 사람들을 죽이며 전 세계를 파괴했다. 희생자는 남자들보다 여자들이 더 많았다. 왜 젊은이들과 여성들이 표적이 되었는지는 모른다.

3막: 그 살인범은 막이 내리기 전, 1919년 초에 또 한 번 모습을 드러냈다. 불행하게도 질병의 치명적인 변종은 서서히 사라지기 전까지, 1920년부터 1922년까지 반갑지 않게 여러 번 반복되어 나타났다. 독감에 걸린 사람들에게 스페인 독감의 위력은 잔인하고 오래 계속되었다. 작가 캐서린 앤 포터도 독감으로 죽을 뻔하다 살아났으나, 그의 약혼자는 사망했다. 포터는 말했다.

어느 의사는 데븐스 기지에서 스페인 독감을 겪은 지 몇 년 뒤에 끔찍한 기억을 떠올렸다.

글 · 그림 **돈 브라운(Don Brown)**

독자들의 공감을 불러일으키는 이야기를 쓰고 감동적인 그림을 그리는 저자이자 일러스트레이터이다. 특히 열정적으로 살아간 사람들의 기쁨과 아픔, 행복과 슬픔을 독자들과 함께 나눌 수 있는 작품을 만들고 있다. 그의 책들은《워싱턴 포스트》,《뉴욕 타임스》,《스쿨 라이브러리 저널》,《혼 북》, 뉴욕 공립도서관 등의 찬사를 받았으며, 선구적이고, 세심한 공이 들어갔으며, 동정심을 불러일으키고, 솔직하다는 평을 받았다. 그가 쓰고 그린 책으로『시리아 난민 이야기』,『흙보다 더 오래된 지구』,『공포의 먼지 폭풍』등이 있다.

옮긴이 **신여명**

서울대학교 원예학과를 졸업한 뒤 미국에서 2년 동안 살면서 어학을 공부했다. 지금은 두 아이의 엄마로서 어린이 책을 기획하는 한편 해외의 좋은 어린이 책을 우리말로 옮기고 있다. 옮긴 책으로『말라리아를 퇴치한 투유유 이야기』,『사흘만 볼 수 있다면』,『중국을 구한 참새 소녀』,『하늘 나무』등이 있다.

코로나 팬데믹을 닮은 스페인 독감
: 1918년의 비극적 전염병

1판 1쇄 발행 2020년 9월 21일
1판 3쇄 발행 2021년 6월 18일

글 · 그림 돈 브라운
옮긴이 신여명
펴낸이 조추자
펴낸곳 두레아이들
등록 2002년 4월 26일 제10-2365호
주소 (04075)서울시 마포구 독막로 100 세방글로벌시티 603호
전화 02)702-2119(영업), 703-8781(편집), 02)715-9420(팩스)
이메일 dourei@chol.com

• 책값은 뒤표지에 적혀 있습니다. 잘못 만들어진 책은 구입하신 곳에서 바꾸어 드립니다.
• 이 도서의 국립중앙도서관 출판예정도서목록(CIP)은 서지정보유통지원시스템 홈페이지(http://seoji.nl.go.kr)와 국가자료공동목록시스템(http://www.nl.go.kr/kolisnet)에서 이용하실 수 있습니다(CIP제어번호: CIP2020034346)

ISBN 979-11-91007-00-8 77900